古镇中原：

恋恋古村落，
流连老街口

《大中原文化读本》丛书编委会 编

文心出版社
·郑州·

图书在版编目（ＣＩＰ）数据

古镇中原：恋恋古村落，流连老街口 /《大中原文化读本》丛书编委会编. —郑州：文心出版社，2018.3（2019.1重印）

（大中原文化读本）

ISBN 978-7-5510-1261-4

Ⅰ.①古… Ⅱ.①大… Ⅲ.①散文集-中国-当代 Ⅳ.①I267

中国版本图书馆CIP数据核字（2016）第091223号

《大中原文化读本》丛书编委会人员名单

（按姓氏音序排列）

白军峰	陈传龙	陈　洋	陈光福	陈晓磊	成　城	崔运民	董素芝
段海峰	郭良正	郭艳先	韩晓民	郝淑华	侯发山	胡　泊	贾国勇
李　涛	李　颖	李俊科	栗志涛	刘树生	刘永成	逯玉克	骆淑景
马维兵	石广田	睢建民	孙　兴	王　剑	王　涛	王剑冰	王永记
武冠宇	姚国禄	易怀顺	张超我	张充波	张俊杰	张树民	张相荣
赵长春	郑长春	庄　学					

选题策划：齐占辉
责任编辑：齐占辉
责任校对：张彩红
装帧设计：青禾设计　李莱昂
出 版 社：文心出版社
　　　　　（郑州市经五路66号）
发行单位：全国新华书店
承印单位：北京博海升彩色印刷有限公司
开　　本：710×1000　1/16
字　　数：300千字
印　　张：12
版　　次：2018年3月第1版
印　　次：2019年1月第2次印刷
书　　号：ISBN 978-7-5510-1261-4
定　　价：42.00元

王剑冰，河南省作家协会副主席，河南省文艺评论家协会副主席，河南省散文学会会长，中外散文诗协会副主席，曾任《散文选刊》副主编、主编。

王剑冰／序

透射历史辉煌 展现中原文明

　　河南人爱说"中"，为什么？有人说，"中"就是因为中国姓"中"，中国的中就在中原，中原在中国之中，中原在黄河之中，中原人干事儿没有说不中的。有地方说"对"，有地方说"是"，有地方说"行"，有地方说"要得"，都没有"中"听着来劲儿、瓷实、肯定。"中"是民族味儿，"中"是中原风。

　　中原无论是过去还是现在在中国都是常住人口最多的地方，说明什么？说明中原是最宜居之地，人们喜欢往这里集中。得中原者得天下，中原一占住其他事情就好办了。你没见一条大河流经九省区，波澜曲折，唯到中原变得漫漶壮阔，山峡中憋屈的风，一遇广阔就尽情尽性。中原给了一切生物以一切的可能。没有哪一个地方被那么多的游子称为"老家"，出了中原你随便问，总能遇到河南人。中原人爱唱戏，声腔沉郁豪放、婉转悠扬，能拉魂曳魄、惊天泣神。中原人待客都喜用大杯大碗，从来按头等大事对待。中原人爱吃面，能吃出七十二花样，要出十八般武艺。中原人有愚公般的实在，也有老子样的智慧。在中原，你随便走一地，都会同历史、文化、文明相通连。无数人物、无数遗迹、无数传说使得中原自显博大，沉厚深浑。

　　我所居住的地方，不远有座版筑土城，上面长满荒草和野木，冬天的时候铺满皑皑白雪，从高处看像一条银色长龙，逶迤折向很远。春天又开满了野花，说不清的芬芳随处荡漾。这就是郑州的商代都城遗址。渐渐地，我越来越知晓郑州的一些细节的东西。在城墙的一个角落，有标志"李诚故里"，李诚是谁？一查资料方知此人了得。我还寻找过李商隐在郑州古城墙附近的居所，以及他常登临并赋诗的夕阳楼。那首诗后来被刻石而名扬天下："花明柳暗绕天愁，上尽重城更上楼。欲问孤鸿向何处，不知身世自悠悠。"我站在一片古城废墟上，面对西下的落日一阵感慨。我去找寻过陈胜故里，年代久远，只有一点可以追寻的痕迹，那是在阳城也就是现在的告成的老墙围子里。我当时一阵惊喜，那个辍耕之垄上怅叹久矣、怀有鸿鹄之志搅乱历史风云的猛士，竟然是郑州登封人。还有黄帝、子产、列子、韩非、杜甫、郑虔、白居易、申不害、郑国、高拱、许衡、李商隐……也都是郑州人。这是一个怎样的队列啊，这些风云人物，竟都在一个地方聚齐了，他们之中有中国历史上最伟大的政治家、军事家和文学家，由他们串起来的故事，可以说就是半部中国史。

我出郑州，刚过了圃田的高架桥，就看到一个"列子故里"的牌子，牌子虽然不起眼儿，但让我猛一激灵。列子何等人物？那个讲说了《愚公移山》《杞人忧天》《郑人买履》等故事的"寓言大王"原来就在这里！而他的主要创作来源，大都是取自中原的生活与传说。我经过光山，才知道司马光是在光山出生，司马光的"光"就是取自"光山"。我一直没有到过获嘉，到那里才知道有个同盟台，武王伐纣时曾在那里会盟然后展开的牧野大战。去偃师，本来是去看二里头遗址的，在一个学校的角落发现一堆土，荒草蓬茸，颓然不堪，里面掩埋的竟然是吕不韦。

因为地处中国之中，中国八大文明古都，中原就占了四个。《诗经》三百篇，一半以上内容都与中原有关。中原地下文物堪称第一。这么说吧，你到中原游走，无论顺哪个方向都不会让你失望。咱们就从郑州往东西两线说说，往东，中间经过官渡，那是历史上有名的官渡大战的地方，然后是中牟，中国的美男子潘安的老家，再说开封话就多了，再往东有朱仙镇，有老子故里，有花木兰故里，有芒砀山（汉高祖刘邦斩蛇起义的地方）。再有商丘，里面的历史也能让你流连忘返。那么拐回头再往西去，又会有邙山历代陵园，其中就有宋陵，有杜甫故里、二里头文化遗址，洛阳更不用说，洛阳往西到三门峡，还有老子走过的函谷关。这只是差不多顺两条直线说一说，如果论片说就更多，还有南面北面呢，可以说哪条线都串联着无数辉煌的珠玉。

到底中原有多少好？我这里不细说了，那么看看这八卷书吧，看完再告诉我你的感觉，你一定说我没有妄言。我感觉，文心社出这套书是大手笔，数百位热心文友参与撰稿写作，以随性、自由的笔法，以极具个人成长印记的独特感受，来写中原传统文化，构成宏大的一套可供参考、学习、欣赏的"大中原文化读本"。这套书按照编者的说法，是把被史学专家、文化学者把玩的中原文化，以文艺范儿的通俗化理念，搞出来美食、民俗、戏曲、寻根、问宗、故都、古镇、非遗八个分册，每个分册选取中原文化的一个独具特色的亮点，是想展现中原生活风俗，体现中原人文精神，传承华夏文明，突出正义与精神，追求向上向善的力量。这就有意思了，也算是文心出版社精心打造的文化盛宴。

中原正在发生着变化，而且是很大的变化，这或许同你的印象或概念不大一样了，这些不一样，在这些书中也有反映，总之这些文字会给你带来回味和惊喜。这也是在多个方面给你引出了一个参观线路，就像一个增乐趣、长知识的导游图，在导游图上你可以随意找出想看到的那些细部特征。实可为旅途伴侣，枕边挚爱。这样，中原人会对家乡有更多的了解、自豪和自信，外地人也会对中原有更多的感慨。如此，当是我们为之满足的，快乐的。

王剑冰于郑州彤散庐

邀您共赴
这场中原文化的饕餮盛宴

　　无论是为新书推广，还是为最确切地表达我们内心最真实的激动，我们都为这套"大中原文化读本"书系想象了很多的广告语。无奈，我们这些河南人都过于朴实，也不好意思说些太过花哨与夺人眼球实际上却早已失去了事情原本面庞的"豪华"字眼儿。最终，我们只是就这样掩去自己太过激动的内心，带着满怀的诚挚与真情，道一声：四百多名河南老乡，邀您共赴一场关于中原地区传统文化的饕餮盛宴，您约不约？

　　写这篇编委序时，恰是2016年的立夏。此刻，"大中原文化读本"全套八本书的内容已全部定稿，责任编辑也为它们申请了书号，它们正大光明的、合法的"身份证"也即日将由国家新闻出版总署发放到位，我们的内心又该如何不激动呢？回想一下这套书的成书历程，我们又该如何不感慨良多呢？从2014年年底，到2016年的立夏日，这个中的曲折、努力、激动、欢喜、欣慰……又怎是一个"好事多磨"能解释得了呢？

　　从一开始，"大中原文化读本"的策划方向，即是为河南省、中原地区优秀传统文化立传立言，发动所有能够以文字代言、表达真实内心的河南老乡，无论是作家还是文友，无论是"术业有专攻"的专家、学者，还是名不见经传的普通乡民，用文字来一场关于中原传统文化的"集体回忆"。让为生计而远离中原故土家园的河南老乡们，有这样的一套书以解乡愁；让对河南人有误解的外乡人，通过这样的一套书来深刻认识中原地区优秀、灿烂的文明，以及河南人至情至善的人格内核。

　　因着这样的大志向，2015年年初，征稿伊始，"大中原文化读本"便引起了河南文化界的极大关注。有知名作家把自己正在整理、打算出版的整部书稿都直接发给我们，让我们随便选用，从始至终连稿费多少都未曾问过。普通文友也是热情高涨，有文友大笑着说"作为一个土生土长的河南人，中原文化的盛事又怎么能少了我呢"，继而一篇接一篇地把稿子投给我们。征稿六个月，我们共收到来稿七千多篇，至于其中有多少河南老乡甚至省外作家、文友参与进来，我们无法做出精准的统计。虽然，因为图书版面有限，编委会从这海量的来稿里优中选优，敲定了八本书的全部内容，最终仅选用了四百多篇，但是，我们依然可以任性地说：这套书至少是河南老乡共同创作的，我们实现了"河南老乡集体回忆"的初衷。

截稿之后的2015年下半年，我们开始既紧张又欢欣的选稿阶段。之所以紧张，是因为投了稿子的作者们急切地想要知道自己的作品是否被录用而每每催问；是因为关注"大中原文化读本"的老乡们一直在催问什么时候见书；是因为我们自己怕漏过每一篇佳作，怕一丝一毫的不负责任就无法做到把中原文化的最美面貌呈现出来，毕竟，正像翘首以盼的读者所说的那样："这套书势必会成为河南文化的一张名片，甚至是脸面。"我们又怎敢掉以轻心？

之所以欢欣，是因为我们这些人虽然冠以"文化人"的名号，到底是不敢妄言什么都懂什么都明了的，而恰恰是在边读边选稿件的过程中，对中原文化知识进行了恶补。能学习到新的文化知识，让人如何不欢欣？另外，还是因为在选稿读文时，我们往往会发出"当年我也经历过"的感叹，那似曾相识，那有着共同的中原文化背景的乡愁情结，在文字间得到了共鸣，获得了纾解。能亲切到彼此像共同成长、一起生活的伙伴一般，让人如何不欢欣？

《美食中原》——我们流着口水，回忆着母亲做的咸菜疙瘩和蒸卤面的香甜在看；《民俗中原》——我们回忆着很多习俗尚且还在时日子艰难却家庭温馨、乡邻和睦的童年往事在看；《戏曲中原》——我们伸长了耳朵，听着马金凤威武的"辕门外，三声炮"，听着唐喜成嘹亮的"风萧萧马声嘶鸣"，听着任宏恩让人忍俊不禁的"月光下，我把她仔细相看"，于乡情乡音乡戏的沉醉中在看；《故都中原》——我们忍着被文字撩拨得几乎要夺门而出，来一场说走就走的故都之旅的冲动在看；《寻根中原》——我们带着对自己的祖上的追根问底，带着对老宅旧屋的浓得化不开的乡愁在看；《问宗中原》——我们沐浴着深山佛寺的清净之味、函谷关道家的自由之风在看；《古镇中原》——我们是看几篇文章就被文字吸引了，带着非要去那些散布在中原地区的文化名镇、传统村落里走走看看的回归感在看；《非遗中原》——我们带着对很多先辈留给我们的民间文化精粹几乎今已不见了踪影的遗憾，以及部分得到了重视、发掘且被继续传承的欣慰在看……

而当您来赴这场关于中原文化的饕餮盛宴，把这"八大件"的套餐拿在手中的时候，您又会如何看呢？

辛苦不再赘言。感谢所有曾给予"大中原文化读本"支持与帮助的人们。感谢上苍，让我们有这样一个共同赴"宴"的机会，约不约？等您，不见不散。

《大中原文化读本》丛书编委会

文化名镇

传统村落

　　五千年的中华文明，在中原这块中华文明的起源地留下的痕迹俯拾皆是。朱仙镇的年画，神垕的瓷；道口镇的烧鸡，赊店的酒。中原人民以自己的聪明才智建造着那承载历史风云的重镇，以自己不屈不挠的顽强保护着这份历史的见证。中原古镇上走一走，不经意间便会与某个传奇的人物撞个满怀……

神垕：做瓷亦是"作词"

王剑冰｜文

【作者简介】

王剑冰，河北人。河南省作协副主席，河南省文艺评论家协会副主席，河南省散文学会会长，中外散文诗协会副主席。曾任《散文选刊》副主编、主编。已出版散文集《苍茫》《蓝色的回响》《有缘伴你》《绝版的周庄》《喧嚣中的足迹》《旹者黑的灵魂》等，及长篇小说《卡格博雪峰》等多部。

大龙山，你在中原隆起，绵延无限远，我看不到你的尽头。有人叫你"大刘山"，那是为避讳当年皇宫里的至尊吗？实际上你同一条根脉紧紧相连。也许，龙亭里眯起的眼睛朝南望，就能望到你龙一样的雄姿。而在你的脚下，人们正利用你的特有的土质，燃烧起一条条火龙，火龙里诞生的奇妙的钧瓷，源源不断地进入大宋皇室的深处。

我来的时候正是深秋，山上依然蓬勃葱茏，各种巨石像鳞片闪露在阳光下。我想不明白是怎样的一种土，千年不尽，支撑了炉灶里的辉煌。我依然看到这个叫作"神垕"的地方，躲藏着神一样的神秘。为何名"神垕"？字典上的"垕"字，只为你一地专有，那是"皇天后土"后两字的集合体，而前面加一个"神"，比"皇"更有了无尽的意象。

神垕，我与你不期而遇，真的，我在车上打个盹，一眨眼竟就扑到了你怀里。我已经感觉出这次抵达的幸运。那些昨日的烟尘和现实的幻象搅得我有些心神不宁。我在心神不宁中小心翼翼地走进一个个院落，诚惶诚恐地观察每一个窑址，毕恭毕敬地抚摸那些浴火而生的神物。

钧瓷上的一束束光直接打开了我的心室，那层层开片让我有一种疼痛。大宋，你离去了近千年的时光，但是你造就的辉煌却是一直光照着历史，以至于那不屈的泥土在这里从来没有停止续写出瓷的华章。

一个个磁窑隐居在神垕的各处，表面上看不出热火朝天的景象，但是越过一些墙头，会看见一排排打磨好的泥胎，看见堆积的泥土、煤块、柴棒。最古老的烧制就是柴烧，柴烧的饭香，柴烧的瓷也好吗？岁月中，有多少不忍和不舍？

走进一条古街，不宽的街巷两边都是明清时期的老房。当地人说，

你没有看见过，当年这些老房子深处，都是钧瓷作坊。早晨叮当的阳光里，一队队马帮驮着泥土和柴草或者精美的瓷器踏响青石的路面。路面上，有人扛着担着做好的半成品，穿街过巷，走入各个作坊。到了饭时，男孩女孩提着饭罐川流不息地给大人们送饭。那时的神垕，就是一个大的瓷场，所有的活动都围绕在瓷场的秩序中。

整个神垕依山就势错落成美妙的图景。走过一棵棵老槐、野桑和皂角树，来看那些老窑。有些窑就在半山，人住的石头窑洞，烧的石头窑体，放眼是山下无尽的苍茫。

每年的正月十六，火神庙开始祭火神。烟雾缭绕，旗幡飘摇。火，对于神垕是那么的重要。所有钧瓷的烧造，都是火的艺术，更是火的魔术。钧瓷的图形和色彩不是事先画出，全凭窑变而成。那样，一切就全在了想象中。那是幻想与火神共同的勾画，是一种匪夷所思的超越和飞翔，充满了翻空出奇

的期待、异想天开的盼望。

我看见一个窑炉门上贴着对联：求仙翁窑中放宝，赖圣母炼石成金。

卢师傅拘谨地打开一个窑门，那里的火焰早已熄灭，他絮叨着什么，众人面前带有着一点矜持，似乎大家要看他掀开盖头的新娘。他终于打开了封口，恭谨地取出一件大洗，那洗怎么了？完全没有那种流光溢彩，而像一个锈迹斑斑的出土文物。再取出一件，还是同样。它们是在抵达生命辉煌顶点的时刻遭遇了不幸。那粗糙斑驳的外形，表明它经受了多么艰难的过程。

满怀期待的人们散去了，老卢还在看着两件不成器的东西，拿起又放下。我似乎体会到了他的内心。炉子边上，一堆打碎的瓷片，堆满了烧瓷人的情感。那是瓷殇。

当地有说："十窑九不成。"火的惊喜、幻想的惊喜、等待的惊喜的到来，一次次竟是那么的不容易。

走进钧瓷艺术馆，就像进入了一个瓷海，我似听到叮当的开片啸闹成一片秋声。我看到形状各异的精魂在起伏腾跃，色彩的空间里潮一样汹涌。

你的曲线为何这般柔润迷离？你的色彩为何这般大胆恣肆？还有你，你的花片为何这般钩心摄魄？经过长时间的静默与忍耐、摔打与烧灼，火给了你怎样的折磨与唤醒，给了你怎样的调教和激发，使得你如此觉悟开化？一千三百多度的浴火而出，每一个都成为仪态万方的精灵。

一个女孩站在一个瓷瓶前，带着景仰一般的神情，伸出手又缩回来。我知道那种感觉，有一种爱就是这样，想看又不敢看，想摸又不敢摸，别后的回味比现场还深刻。我知道，在那一刻你已经和她心脉相通。

神垕，你将我从喧嚣中摆渡过来，让我有了一时的安宁与沉静。尤其是看到那些聚精会神的做瓷者。

竟然还有女工艺师，她们长发飘逸，姿态端庄。无声的时间里，一腔热爱倾注于一抔泥土。又有人进来，流露出欣喜：看呀，她们在做瓷！

声音里，你会把"做瓷"听成"作词"。宋瓷中闪现着多少艺术的精粹，怎么不能说她们在作词呢？是的，她们作着"八声甘州"，作着"水调歌头"，作着"沁园春""临江仙""菩萨蛮"，那从宋代遥遥传来的，就是一阕阕或婉约或豪放的美妙的宋词啊。

（禹州市神垕镇入选《第二批中国历史文化名镇名村名单》）

4

千年灵秀话神垕

冉培艺｜文

　　由禹州西行数十公里，就可以抵达历史悠久的历史文化名镇——神垕镇。古镇是有记忆的，这种记忆，独特而又美丽，与众不同。

　　傍晚黄昏之时，我穿行于一个又一个逼仄的街道和小巷间，穿梭在逐渐暗淡的落日余晖里，产生一种分外鲜明的记忆：即便你是一个对小镇一无所知的人，倘若突然空降至此，当你身临其境，你亦会体会到，这个古镇，和瓷器息息相关。

　　在这里，处处洋溢着浓厚的古陶瓷文化气息。

　　古旧的笼盔（烧制陶瓷时使用的匣钵）、古老的城墙、古色古香的花盆，饰以点点新绿，小镇一片盎然生机……

　　这个世界，由笼盔构成。走进僻静幽深的小巷，它们无处不在，代替了砖石的功能，镶嵌在家家户户的院墙房脊上，或和大块的红石掺杂在一起，勾勒出一幅幅奇特的图画；或者从墙根一直到屋顶，规则而匀称，在落日的余晖里，形成层层叠叠的优美剪影，令人惊诧。

　　漂亮的笼盔墙，加上一道斑驳的木门，让整个院落活跃起来，再加上用笼盔垒出的花池、井台、猪圈，甚至是厕所，来客仿佛走进了一个别致的世界，顿感时空交错。

　　用笼盔烧制钧瓷，年代久远。随着生产制造的延续，它越积越多。废弃的笼盔被广泛使用，人们用它垒建房舍、窑炉、作坊、围墙等，填上土便是花盆，装上水就是鱼缸，真正实现了生产与生活相结合。

　　笼盔垒墙有两种方法：一为竖立式；二为卧式。垒建院落围墙多采用前者；而垒建窑炉时，由于窑壁较厚，则多采用后者，笼盔头朝外，一个个圆形的笼盔头组成了一个有规律的几何图案，加之古铜色的色

【作者简介】
　　冉培艺，河南神垕人。现为郑州航空工业管理学院本科生，主修汉语言文学。

调，形成了一道道靓丽的风景。

排列整齐的笼盔犹如坚强勇敢的卫士，夜以继日地守护着家园，守护着这座古镇。

在中国城镇建筑史上，笼盔被用于建筑，是罕见的。行走于神垕镇的大街小巷，笼盔成为承载历史文化的介质，一种象征钧瓷历史年轮的载体，静静地带着我们走向小镇历史深处，让人身处其中，回味无穷。

小镇除了有古建筑和笼盔墙，还留下了丰富的钧瓷遗迹，宛若一座天然的钧瓷博物馆，向人们展示着她那悠久的历史和灿烂的文化。然而钧瓷的秘密，也遍布在小镇的每个角落。

神奇的钧瓷制作工艺同样引人入胜。

钧瓷是如何制作而成？想必每一个土生土长的神垕人都不会太陌生。

钧瓷的成型方式主要有拉坯、脱坯、注浆、徒手捏制，但最传统的当数手拉坯。一双粗糙的大手，在对泥土的感悟中，拉出一朵朵奇异的钧瓷之花。

拉坯最重要的就是对泥土的感悟。你心里的钧瓷是什么样子，你手中的泥土就会变幻成什么样子，没有对泥土长时间的感觉，很难变幻出千姿百态的钧瓷。

大师能够做到心随手动。一块软软的泥，在他手中不停地被拍打、揉搓，像一个手法娴熟的面点师在盘手中的面坯，转瞬之间，一根匀称的泥条被揉搓出来，放在旋转的轮盘上，泥条跟着旋转起来。他的手指搭在泥条上，依靠挤、压、拉的力量，泥条的形状不停地变幻，一会儿，一个秀丽挺拔的玉壶春瓶就出现了，线条流畅，完美对称，像变魔术一样，转瞬之间出现在你面前，让你不敢相信。捅拉挤压之间，在高速旋转的轮盘上，一个个变化多端的瓶、钵、碗、盘的泥坯造型呈现在我们眼前，也许只有两三分钟，也许更短，钧瓷之花绽放开来。

从加工、造型、制模、成型，到素烧、上釉、釉烧、拣选，这八大生产工序，只是现代的制法。在古代，还有"七十二道工序"之说，任何一道工序稍有不慎，都可能导致前功尽弃，也即有所谓的"十窑九不成"。由此可见，浑然天成的艺术品是需要倾注多少的精力啊！

"入窑一色，出窑万彩"，魅力尽情绽现，宝石红、雾红、郎窑红、美人醉……层峦叠嶂、扁舟泛漾，亦有玉竹生烟——世间的唯美是纯粹、素净且充满着神奇的。"釉且无色，艳丽绝伦"，看着这世间的奇美，我浮想联翩，那是流霞，是宝石……落英缤纷之间，是嫣红的海棠，是紫酽的丁香，是羞绽的玫瑰……诱人的色彩充满神奇的特点，自然的、无矫饰的、流畅的线条写意着云霞雾霭的传奇。

钧无双配。一钧瓷一世界，视野走入独特的意境，或田野村庄，或小桥流水人家，是清泉，是瀑布。迥然各异的纹理幻化成为视觉中流动的盛宴。仙境般的梦幻，如诗在钧瓷上点缀着，遐思翩翩起舞，像蝶一样做灵魂最曼妙的暂歇。

钧瓷是一场视觉与听觉的盛宴。此起彼伏的"噼噼啪啪"之声，时而密集，时而零落，轻重舒缓，各有抑扬。这像是一曲交响乐，嘈嘈杂杂，珠落玉盘。像从远古飘来，如铃如泉，虚妙清冷，如琴似筝，绵绵不绝，使得这个深夜一片澄明。伴随着"噼噼啪啪"声，一道一道的冰裂纹开始出现，像闪电击过地面，绚烂之后留下余痕。或许，你在青年时代买下了它，在你中年或暮

年的某一个清晨，你抬眼望去，这些纹路变成了一幅优美的图画，像高山流水，像远黛初晴，像翩跹的鸟兽，抑或像黛玉在葬花。"纵有家财万贯，不如拥有钧瓷一件！"钧瓷开片的魅力，犹如微风吹荷塘，细雨落池中，折煞又征服了多少人？

看见的是钧瓷，看不见的是其身后掩藏着的世人罕知的历史故事。拨开历史的云雾，翻开浩瀚的卷轴，那是唐玄宗时期的"钧不随葬"，是宋徽宗时期定制的御用珍品，每年钦定生产36件……千百年来，钧瓷成为画家眼眸里的谜、诗人心中的珍宝、收藏者一生的痴恋……

"雨过天晴泛红霞，夕阳紫翠忽成岚""峡谷飞瀑菟丝缕，窑变奇景天外天"……钧瓷篇，是该用唐诗宋词的格律来表达，抑或是吹一曲悠扬典雅的笛来抒怀呢？

黄昏时分，漫步于幽长幽长的古巷，余晖洒落，遥忆巷子里宋时的日光，宋时的故事、钧瓷的记忆，在思绪中飘飞，在脑海里沉积。古巷幻化为定格的永恒，宋时余韵依旧，于历史长河中静静涌流。

（禹州市神垕镇入选《第二批中国历史文化名镇名村名单》）

朱仙镇上寻年画

夏　伟｜文

【作者简介】
　　夏伟，河南郑州人。现供职于河南省农业厅。偶有文学创作，作品散见于《大河报》《河南农村报》等报纸，以及《老人春秋》《黄河·黄土·黄种人》《华夏文明》等杂志。

　　2015年的11月份，中原大地已有薄雪初降。有外地朋友来访，为尽地主之谊，我带他把洛阳、开封逛了个遍，待从开封清明上河园出来时，已是下午两点多钟。朋友忽然问及"朱仙镇可在附近"时，我尚有些发蒙，虽也能够顺口说出"朱仙镇是历史名镇，盛产木版年画"等要点，但到底是从未去过朱仙镇，甚至连它的具体方位都无法道明。因朋友拜谒朱仙镇木版年画心切，我立时手机上网，一边翻查朱仙镇方位及相关历史细节，一边听"懂行"的这位外来的朋友给我头头是道地讲述着关于朱仙镇及朱仙镇木版年画的种种。

　　朱仙镇在河南省开封市城南四十余里，虽然是个小镇，在古代却名列"中国四大古镇"。南宋初年，岳飞曾率军在这里大破金兀术，更使朱仙镇威名大振。为纪念岳家军的功绩，朱仙镇建有一座规模不小的岳飞庙，至今尚存。

　　北宋年间，逢年过节，都城开封家家户户贴门神已成为一种风尚。后宋亡，开封几经战乱，木版年画便衰落下来。到了明代，开封年画虽然又获复兴，但其制作中心已逐渐南移至朱仙镇。明朝末年洪水泛滥，开封被淹，百业俱废，朱仙镇更是成了木版年画的制作重镇。明清时期，朱仙镇已有三百多家木版年画作坊，其作品畅销各地，于是开封地区的年画被统称为"朱仙镇木版年画"，影响深远。

　　朱仙镇木版年画是中国木版年画的鼻祖，主要分布在开封朱仙镇及其周边地区，天津杨柳青、苏州桃花坞、山东潍坊等地的年画均受其影响。朱仙镇木版年画有用色讲究、色彩浑厚鲜艳、久不褪色、对比强烈、古拙粗犷、饱满紧凑、概括性强等特征，以传统技法构图，画面有

主有次，对象明显，情景人物安排巧妙，有着匀实对称的美感。

　　朱仙镇木版年画的题材以门神为多。传说，当年秦王李世民率兵攻占开封后，遇到城中闹鬼扰民，李世民也连连被噩梦惊醒，不能入睡。大将秦琼、尉迟敬德得知后，一个手持双锏，一个紧握金鞭，威风凛凛分站在李世民寝宫门旁，夜来无事。李世民灵机一动，令画师画了秦琼、敬德像贴在两扇城门之上，以保百姓平安。朱仙镇一位巧木匠来到开封，看到城门上将军的画像，回去后把两人的像刻在梨木版上印成门神。门神画供不应求，后来门神发展成供喜庆节日张贴的年画。从此，朱仙镇年画一举成名。

　　朱仙镇的年画，木版、颜色、宣纸各有高妙。木版年画雕版十分关键，一块好的雕版既要保持中国传统线描绘画的笔锋和力度，又要体现木版年画之木味。一块上乘的雕刻主线版就是一件独立的艺术品。色彩方面，普通年画有黑、黄、红、青、绿、紫六色，先淡后浓，依次套印而成。朱仙镇年画的神像及人物之眼眸、胡须、服饰需加套水墨、金粉，套色可多达九遍。朱仙镇年画选用的宣纸也都是上好的熟宣，据说此种熟宣可以使颜色保留持久，套色效果也好。就像一位学者感叹的那样：朱仙镇木版年画是刀与版的对话、色与纸的对话，更是年画艺人与传承在对话、人与岁月在对话……

和杨柳青等年画相比，朱仙镇木版年画有鲜明的特点：一是线条粗犷，粗细相间；二是形象夸张，头大身小；三是构图饱满，左右对称；四是色彩艳丽，对比强烈；五是门神居多，严肃端庄……

朱仙镇木版年画的制作工艺十分讲究，千百年来，他们世代承袭、师徒相传沿用至今。想要成为一名合格的木版年画工匠，先要在作坊里做三年苦工，察其悟性；然后，才可以学习绘稿、制版，学三年；三年后，才能上工作台，再经三年实习，看技能如何……要想出师，必须要经历这"十年磨一剑"的努力。

朱仙镇离开封城区本来就不远，似乎眨眼即到。或许是并不逢什么节假日，镇上行人寥寥，透着股子厚重历史的肃杀与苍凉。从岳飞庙出来，急匆匆地去寻找传说中的朱仙镇年画。原本想，声名大噪的朱仙镇木版年画，在朱仙镇这方老镇上，定然是满大街都是的。只是，街上不仅行人寥寥，甚至连临街的店面都鲜有开门的。无目的地找寻，尚未捉到一位当地人细问去处，便折进了河道一侧的一处开着门的书店。

各类学习用具、各类中小学教辅，落着灰尘，随意地躺在几排横七竖八的书架上。店门大开，店内却似无人。犹豫着步入其中，乍然得见，在这店最里的内墙上，挂着的，便是我们心仪已久的朱仙镇木版年画。而依墙而放的一排旧式售货柜里，隔了玻璃，赫然入目的，更是大大小小、五颜六色、或卷或展、数不清的宣纸年画了。朋友忍不住一声欢呼，直接冲奔了过去。

或许是听到有人进店，从最里的暗影里伸出一个人的脑袋来，便是店主。店主并不招呼我们，只是冲我们淡淡地笑了笑，继续低头做他手中的活计。此时，我们才看到，在那店主的手边，有若干雕版，成摞地堆放着，有墨透着馨香。

原来，这书店内里，竟是一个小小的朱仙镇木版年画的作坊！或许是因了生计，我们的非物质文化遗产的传承者，在坚守着传统的同时，不得不做一些其他的营生，以贴补家用，以使这样的传统能够得以延续。

我和朋友小心翼翼地翻看着那些木版年

画，生怕惊扰了它们深沉久远的梦。这些木版年画，颜色鲜艳，线条古朴。门神画中，两位武将衣着不同、形态各异：步下鞭、马上鞭、回头马鞭、抱鞭、竖刀、披袍等，样式有二十多种。除此之外，还有各种文武门神。文门神有五子、九莲灯、福禄寿等。朋友说，在过去，不同人的房门上贴的门神也内容不同：已婚子女辈房门贴"天仙送子""连生贵子""三娘教子"；中年人房门贴"加官进禄""步步莲生"；老年人房门贴"松鹤延年"和寿星之类；少年儿童居室房门贴"五子夺魁""刘海戏金蟾"等。

在这家小店，我们看到的朱仙镇木版年画，也仅仅是它的冰山一角。据统计，开封及朱仙镇年画艺人创作的老版年画有五百多种。迄今幸存的老版有一百多种。众多的朱仙镇木版年画历史名店、著名商号都有着时代的烙印——"二合永""天成德""二天成""天义德""万同""万通""敬德永""天顺德""高德隆""天信德""云记""汇川""泰盛源""福盛长"……品读着这些老店的名称，如同品读着一本厚厚的朱仙镇木版年画的史册，真有一种沧桑的感受……

一代文豪鲁迅先生也曾这样说："河南朱仙镇年画，刻线粗健有力，不染脂粉，人物无媚态，很有乡土味，具有北方年画的独有特色。"鲁迅先生的话准确地道出了朱仙镇木版年画艺术的精髓。

虽然经历了这样那样的历史变迁，朱仙镇木版年画还是得以延续传承到了今天。如今，这项古老的艺术在艺人们的保护和开发下，不仅传承着历史的内涵，也更新着内容题材。近年来，朱仙镇木版年画已被列入了国家非物质文化遗产保护工程，种类

得到恢复，以更加完整的面貌展示着中国博大精深的文化内涵。相信，随着人们对传统文化的了解加深，朱仙镇木版年画的发展前景定会更加广阔。

我和朋友流连于这家小小的书店里，看年画，看店主埋头在那里"沙沙"地作画，听他轻轻道着传承这项文化的酸甜苦辣。那"沙沙、沙沙"的印刷声催生着染色后掀动的年画，像一页页翻过的历史岁月……

古往今来，朱仙镇木版年画都是以这样深情的线条、快乐的色彩，描绘着中原大地这块古老的文明沃土上的老百姓们的幸福与向往。抱着购得的那一张张年画，我们相信，未来的日子里，朱仙镇木版年画描绘的景致将更美，展示的情意将更浓！定会让我们在风情和岁月间缓缓而行的时候，能够在年画作品和年画故事里流连忘返……

（开封市朱仙镇入选《第四批中国历史文化名镇名村名录》）

11

走！到朱仙镇去

米奇诺娃 | 文

如你所知，朱仙镇没有仙。

没有仙的朱仙镇有一座清真寺、一座岳飞庙、一种名扬海内外的木版年画和满街满地黄灿灿的玉米，总共四样。

中国人的数字功夫有限，统计什么只能统计到四，再多就显慌张和局促。比如四大美人、四大名捕、四大佛山、四大水库、四大木版年画、四大岳庙、四（乘2）大金刚、四大名镇等。于是统计朱仙镇的所有，米奇也炮制了四样。而在刚刚提到的几个出了名的"四大"当中，朱仙镇占了仨：四大岳飞庙之一，四大木版年画之一，四大名镇之一。

但是如果你不了解朱仙镇的历史，更不了解朱仙镇的现在，就那么大喇喇、冒昧地走进镇里，并在第一时间看到满街晾晒着的玉米，你一定会以为玉米成精了随即吓得蹦起来。你如果是敏感得一惊一乍又固执如牛的人，那就根本不会相信这里是什么古代四大名镇之一：这就是东北的玉米专业村。

铺满黄灿灿玉米的朱仙镇，街道不是很宽，不宽的街道两旁总能看见明清老屋，是那种绝对原汁原味没经过修缮伪饰的老屋，房檐枯瘦嶙峋，墙皮脱落如疮。这个走过了千年风雨的老镇缓缓地步行在现代化的今天，接受着米奇和木易斯基以及另外不会超过十位的游人的检阅。米奇想：怎么会这样子？

朱仙镇在河南省开封市南四十余里处，像一块被摔过的豆腐，有着掩饰不住的零乱。一个市场横在镇中央，许多人在晾晒着玉米的空地儿里卖菜和化肥、农具、小儿服饰等等，十分繁荣热闹。镇里前后左右的街道差不多都铺了玉米，让米奇的车如履薄冰，如鱼离渊，虎落平阳。

【作者简介】

米奇诺娃，作家，行者，媒体人，现居沈阳。代表作品有《我路过了你的曾经》《不思议少年事件簿》等。

最初米奇在开封市打探朱仙镇的方向，问过十个人，其中五人说知道，并指引了不同的方向，另外五人问你去那里做啥。米奇后悔没说自己去买玉米。

在这个小镇，有没有游客、来不来外人不重要，吃没吃过灌汤包也不重要，重要的是满地金黄的玉米粒儿，那是绝对真实可感的，让人想到丰衣足食，想到这世界发展得真是太快太现代化了。

去朱仙镇之前，米奇不知道自己为什么要去，更不知道这个正当中原的小镇不仅拥有超出想象的玉米和超出想象的晾晒方式，同时也没辜负黄河文化抚育的儿女们的殷殷期望，汇集了古往今来的诸多忠诚事例，并且一切都不足为奇。站在街头，米奇感觉自己来着了，上哪里能一股脑儿地寻到这许多不同时代不同色泽的忠诚呢？朱仙镇不仅有岳飞庙，有千年清真寺，还有涂抹在各种宅墙院落上的"文革"标语："高举毛泽东思想伟大红旗""抓革命，促生产""全心全意为人民服务"等等。

说到朱仙镇汇集的古往今来的诸多忠诚，朱仙镇老一代居住者朱亥该是第一例。

他是战国时代人士，住在仙人庄，虽然勇武过人，却出身低微，是个杀猪的，身上总有不洁气味，所以一直不得烟儿抽。信陵君伯乐识骏马，收朱亥做了食客，由着他在吃鱼的同时吃熊掌。这朱亥是个有良心的人，感动得夜不能寐，心想自己一个杀猪的，如今享受正处级待遇，定是头几辈子烧了一米多高的香，非忠诚到死不可，于是在以后的退秦、救赵、存魏战役中冲锋陷阵，杀敌无数。伯乐之恩，谁不死心塌地？后人们说，信陵君的盖世英名与发现和任用朱亥是分不开的。朱亥，仙人庄，朱仙镇由此而来。

另一例可以大书特书的忠诚来自岳飞。当年，金国以举手之劳灭了北宋。南宋虽然匆忙建立，却一直心有余悸，天天担心挨打，高宗赵构思来想去，派使者到金国求情，说怎么都成，就是别打俺。使者李邺回来后双腿打战，呜呜咽咽地说："金人如虎，马如龙……其势如泰山，宋朝如累卵。"岳飞却不给李邺面子，以五百精骑大破十万金兵，让金兀术发出"撼山易，撼岳家军难"的感慨。

就是在朱仙镇，岳飞大败金兵，取得震

惊朝野的朱仙镇大捷。他本可以乘胜追击，收复开封，挽救败局，但主张卖国的宋高宗赵构和秦桧在一天内连下十二道金牌，令其收兵。岳飞扼腕长叹"十年之功，毁于一旦"，回朝后不久，就被赵构、秦桧以"莫须有"罪名杀害。一场旷世忠诚就此打住。

岳飞的忠诚问题让米奇思想溜号儿想到同学D乐。十年前，D乐的老公有外遇，D乐整天受气，看不到好脸色，经济上得不到帮助，夫妻生活完全没有，必要时还挨打。米奇气不过，进谗言唆使D乐离婚。偏偏D乐是那种不问青红皂白从一而终的人，非活是人家的人死是人家的死人不可，只要不离婚，什么都能忍受。

中间有一段时间两人矛盾缓和，D乐把米奇的一番挑拨二分钱五斤卖给老公。她老公就说D乐你眼盲啊居然结交这种不三不四也不七八的女流氓！你看着吧，她早晚得离婚，还得离在大多数人前头。

麻烦出在米奇到现在还跟跟跄跄地和木

易斯基凑合过着呢，2004年10月3日两人又一路吵着骂着去朱仙镇感受千古忠诚，看样子三年两载也离不了。而此时D乐已经没有退路。2004年10月3日，她接到丈夫的正式通知：离婚，条件随她讲。

也许到现在D乐才明白，自己不知不觉落得个岳飞的下场：想拼死忠于一个人比登天还难，而且到死也不知道自己是怎么死的。

站在朱仙镇街头，米奇想着一桩桩发生在朱仙镇以及自己身边大大小小的忠诚故事，推算人类如果没有忠诚是不是就像朱仙镇的街道不晾晒玉米一样不够真实，没有味道？因此说无论是从历史的角度、时代的角度还是从唯美的角度，人活着，总得忠诚一次。至于忠诚什么和怎么忠诚，不仅因人而异，还要与时俱进。

朱亥的忠诚靠勇敢完成。

岳飞的忠诚靠屈死完成。

"文革"将士的忠诚靠放弃思考完成。

D乐的忠诚靠忍受完成。

而在清真寺，忠诚是靠水来完成的。

在清真寺，木易斯基一脸虔诚。米奇担心他皈依清真教，经过一番洗礼修炼后去中东参加圣战，再由着性子娶上三五个老婆。

蓄须不要紧，只要古兰经。

去朱仙镇的清真寺，要走很远的路，你得先把车停在市场的一侧，停在一家关门很久锁头已经生锈的饭店门口，然后步行穿过市场，再走过一家门前有压井的美发店，再走过一家门口有豆腐摊儿的日杂商店，再走过岳飞庙，再走过岳飞骑马的塑像，再走过铺满玉米粒儿的岳飞骑马塑像广场和数不清的明清老屋，再走过一个坐在自家老屋前给棉桃脱壳的老太太，再走过一个骑三轮车卖灌汤包的中年大嫂，逶迤辗转，左顾右也顾，就能看到一大片古香古色的院落了，阳光下殷实而古朴。那就是朱仙镇的清真寺了。

米奇是从后门进去的。以下是米奇与一个男人的对话。

米奇：师傅，能进去么？

师傅：能。

米奇：在哪里买票？

师傅：免票。

一进院子，米奇就闻到一股异味，见满院奇花异草，觉得奇异之花必有奇异之味道，于是不敢大声说话，怕伤着花精味精。

清真寺的大殿古老沧桑，木质梁柱都已斑驳，为了真实，一直没有新涂彩绘。在大殿左侧的偏房外，米奇看见一个高擎着的锅炉，以为是冬天给大殿提供暖气的设备。随即，米奇看到偏房对面大殿的外墙上，从左到右拉着一根长长的绳子，二十几条色泽含糊不算干净的毛巾挂在上面。瞧清楚这一切以后，米奇听到偏房里传出人声和水声，才知道这是穆斯林教徒礼拜前的洗礼。教徒们一天礼拜五次，所以要洗浴五次。中东和我

国西北都是穆斯林教徒聚居的地方，又都是缺水区，如果一天注定要礼拜五次，而每次又注定要洗澡的话，用水该是个大问题，刚好检验忠诚。

大殿的正面是正院，有几棵桂花树正在开花，一片桂花香。花香中，宋太宗题字的石碑清晰可辨，看得出我国高官题字运动的源远流长。花香中，寺里的阿訇主动当了米奇的免费导游。他年过七十，个子不高，穿黑衣，戴白帽，留着灰色的穆斯林长须，殷勤地指给米奇看鱼鳞窗户、未雨先知石和刻有阿拉伯文字的石碑，告诉米奇全镇三万七千人，有三千穆斯林教民。

用水与否体现着穆斯林教徒的忠诚与否。

为什么？阿訇告诉我，清真教就是伊斯兰教就是回教，是个干净的教别，一般寺院不喜欢外人进院，本清真寺允许外人进院却不允许外人进礼拜堂，教徒如果不洗澡当然也不允许进礼拜堂。

这就不难理解1997年新疆之行的遭拒经历。那次，米奇要进一座远近闻名但现在已经忘记名字的清真寺，赶上礼拜五，教徒们

15

都在礼拜。米奇被一个大胡子拦在寺门外，拒绝的理由是米奇肮脏。那一刻米奇十分谦虚，承认自己是梅超风一样的食人魔鬼，也许身上果真如大胡子所暗示的那样散发着吃过不洁食物的气味。颤抖慌忙中米奇掏出镜子端详自己，镜中人果真鬼头鬼脑十分不俗。看来，阻止米奇进入，对穆斯林教徒来说，的确是一项严肃认真的保洁运动。米奇估计当时大胡子看米奇一定像看站街小姐一样心里充满鄙视。但现在的站街小姐个个气质优良不仅自重别人也跟着器重，一些人致富不忘进取，托人买来名校发放的研究生文凭。米奇不敢肯定自己真有站街小姐那么风光雅致。

比较而言，米奇在朱仙镇清真寺所受的待遇极其人性化。

米奇和木易斯基等了半个小时，终于等到了十三点三十分的礼拜仪式。二十多个刚刚洗过澡的穆斯林教徒在一个头缠阿里巴巴头巾的年轻男人的引领下走进位于大殿内室的礼拜堂，面对一块写着阿拉伯文字的壁板，以特有的节奏和秩序哈腰、叩头、起身，再哈腰、叩头、起身，周而复始，极尽虔诚。年过七十的老阿訇跪不动了，就以九十度大哈腰代替跪拜，哈腰时，小心翼翼地扶牢特意摆放在面前的一把椅子。

除了在礼拜堂外听头缠阿里巴巴头巾的年轻人高声诵念或者看二十几个教徒哈腰起立起立哈腰以外，米奇什么也不能做，什么也听不懂，什么也不明白，因此满心敬仰；又因为在新疆被人家拒之门外，所以在这里十分老实安静心存感激。

教徒们在礼拜堂礼拜，米奇和木易斯基在大殿里呆站冥想。一根被扒了皮的树干躺在大殿左侧。据说，岳飞大战金兵时，元帅府就设在清真寺内。当时岳飞在寺里乘凉的槐树，被当地群众称为"相思槐"。槐树死后，被人砍伐放倒，存在大殿内。此外，寺里还保留有一通清嘉庆十年（公元1806年）的阿拉伯文碑，记载当时朱仙镇穆斯林朝拜真主的盛况，纪念那些忠诚的信徒，是河南省保存最完整的阿文碑。

就是在朱仙镇的清真寺，米奇第一次意识到伊斯兰与以色列发音的一致，信奉的教主早年又都住在耶路撒冷。可多年来两教之间一直打杀不断你死我活，彼此恨得咬牙切齿。为啥呢？是为了不同的纪念和不同的忠诚吧。

朱仙镇人除了忠诚以外，也有异己也有恨。为了纪念岳飞，明朝时期，朱仙镇修建了岳飞庙，塑造了岳飞及其家人的等身像供人瞻仰，同时也塑了秦桧和夫人的跪像供人唾骂。按照中国人的复仇标准和手段，秦夫人当然是裸体，一对乳房被摸得光滑细腻，阳光下一闪一闪亮晶晶的。

告别清真寺和岳飞庙，走在朱仙镇明清老屋的房檐下，走在满世界的玉米堆里，米奇静静感受历史长河的流动，品味那不同时代的忠诚信任，有点儿无话可说。不忠诚的人是不被尊重的，没有忠诚的世界是混乱不堪的，缺少忠诚的历史不仅不生动，也链接不起来。但是有了忠诚是不是就一切都好？就一切太平？一厢情愿行不行？忠诚的结果为什么有太多的悲剧和流血？忠诚到什么程度最佳？排他排到什么程度为好？即便到了"山无陵，江水为竭，冬雷震震，夏雨雪，天地合"的时候也没有丝毫动摇的忠诚才是真忠诚么？如果是那样，天会悲伤么？

一直铺到国道上的玉米粒儿不计其数，米奇的思绪混乱不堪。终于，一声"灌汤包"的吆喝声让米奇茅塞顿开，随即总结出诸多使人忠诚的实用方法，有疏浚法、指引法和诱导法，有洗脑法、耳光法和围追堵截法，还有强奸法、阉割法和割舌剜目法。头三种方法费时费力，有智慧和有力量的人一般不用；中间三种方法有效也有限，名声已经不好，成本和效果又不够理想；最后三种方法成本低，见效快，施者和受者都能一了百了，干净利索彻底，没有后顾之忧，十分

高端。其中，阉割最是个好东西，又管用又看似无碍。

朱仙镇的贫下中农一千年前没参透这个理儿，四十年前也全看明白了，而且和米奇一样呆痴了，浑然不觉了，不然为什么这么多的黄灿灿玉米粒儿铺得满街满地不顾一切？历史厚重的地方，人一定聪明，聪明的人一定心宽随意。所以说朱仙镇看上去十分零乱，像块被摔过的豆腐，其实是另外一种洒脱。人们任由清真寺、岳飞庙萧条冷落，任由墙面上的各种"文革"语录继续招摇，不去肯定，也不去遮掩，刮风下雨无所大谓，只管忠诚于自己，忠诚于日子，这才是不会流血也不会悲伤的硬道理。春天种玉米，秋天收玉米，天当俺家棚，大马路就是俺家的打谷场。

岳飞说：三十功名尘与土，八千里路云和月。

朱仙镇说：百姓饥餐灌汤包，笑谈丰收玉米年。

米奇说：车不辚辚马不萧，弓箭决不挂在腰，饿了就吃灌汤包。

（开封市朱仙镇入选《第四批中国历史文化名镇名村名录》）

荆 紫 关

王剑冰 ｜ 文

【作者简介】

王剑冰，河北人。河南省作协副主席，河南省文艺评论家协会副主席，河南省散文学会会长，中外散文诗协会副主席。曾任《散文选刊》副主编、主编。已出版散文集《苍茫》《蓝色的回响》《有缘伴你》《绝版的周庄》《喧嚣中的足迹》《普者黑的灵魂》等，及长篇小说《卡格博雪峰》等多部。

一

斑驳的光线里，平浪宫依然透出威严的色光，起伏的檐瓦，波涛一般凝固在时间里。

从淅川县城远远地来，顺一条岔道没入这条街，最先进入眼帘的，就是这座建筑。这是在乡间极为少见的建筑，它的装饰的讲究以及用料的奢华突破了人们的日常经验。在这个现在看来交通并不便利的地方，怎么会有如此奢华的建筑？不只是平浪宫，还有好多的会馆与叫作宫的地方，它们给这条街以坚实的气势与力量，同时使得这条街变得神秘起来。

荆紫关，也就是踏进这块土地才知道，而这里的人说起来，荆紫关可是响亮了几个朝代！

必然要有一道关的，这关处在山与水的狭险之地，过这道关往东，是南阳和荆楚大地，往西是八百里秦川。"豫之屏障""鄂之门户""陕之咽喉"的称谓都给了荆紫关。刘邦进入秦地首先是突破了这道关；李自成同样利用了这道险要；八国联军入侵北京，慈禧逃至西安，所需的大批物资也是通过丹江水路经这道关进入陕西。

丹江同荆紫关有着紧密的关系，它从陕西商洛流起，过了荆紫关突然变得深而宽阔起来。从下游运来的物资，到了荆紫关要大船转小船；上游来的货物，也要小船转大船而后畅流而下。那时的荆紫关是山水相依，盛名远扬。

我来这里的时候，山路的两边开满了蓝色的紫荆花，一条水流蜿蜒东去，水依然清澈，却不是很大。

二

与平浪宫可以一比气势的，还有山陕会馆和禹王宫，禹王宫其实就是湖广会馆，河南商人建起的河南会馆要逊一些。似乎相邻的几个省不建这么一个地方，就不足以显示本省人的力量。

可我还看到了其他地方的会馆。实际上，来往的客商中，早已不是鄂豫陕三省的船工了，它几乎聚集了当时中国最有实力的商人。这些会馆的奢华，完全地表明了外地商人把荆紫关当成了他们人生轨迹中一个不可或缺的所在。

山陕会馆是晋陕两地客商的汇集地，走进这座硬山式建筑，穿庭过巷猛回头看时，会发现一个豪华的戏楼，在中国，山西戏台是最多的，这也说明晋商在中国的影响度。他们的脚步不仅走进了豪华的京畿地区，也渗透到了这被丹江环绕着的小镇。当然不是一比奢华而是为了聚集，为了商业交往的便利，至于彰显实力，也就融在其间了。

万寿宫是江浙人建起的，江浙客商到这里的旅程应该是不近的，来了，也要建一个

会馆，以表明商业汇聚中的一个不能忽略的角色。

这使得小街拥挤起来，不但会馆都建得相距不远，各种商铺也是紧密相连。由此看出了一个氛围，荆紫关的氛围。时间走到清末的时候，打开《淅川县志》仍会有这样的记载："码头经常停泊上百艘货船，多至三四百艘，沿岸专为船工客商服务的饭馆酒楼形成六百米长河街。" 商业行为的集中展现，使得大批的金钱投掷在这里，同时还有各地方特色的建筑艺术、说唱艺术、烹饪艺术、手工艺术的汇聚。

街上，有很多的通往水边的路，随时而来的船随意地泊在大大小小的码头，然后就载货卸货，再寻一处适合自家口味的地方名吃。也许就有陕西羊肉泡馍、河南烩面和湖北的三合汤。自然还要进一进"恒义兴""永和吉""天顺宏"等老字号。更要听一听河南豫剧、陕西秦腔或是湖北汉剧、山西晋剧。还会找一找冲着他们笑着的女子。叫卖声、唱曲声、欢笑声渗进了街上的每条石缝。

船商们漂泊久了，总要找个地方安扎营

寨，这个独特的地方拴住了他们的腿脚。不少人留了下来，在这里娶妻生子，繁衍成一族人家。

我走进了陈家大院，这里竟是来自山西的客商的家院，至今能够感到这个陈姓商人在这里的本钱投注是多么大方，他真正把这里当成了自己可以依托的地方，就像西方的商人当年瞄准上海一样。斑驳的雕刻及装饰，依然显示出主人的喜好，那多是家乡的风俗。

荆紫关已不是实际意义上的一个小镇，光绪二十一年（公元1895年），荆紫关已设立了厘金局（相当于现在的税务局）、电报局和邮政局。

继而发展下去，荆紫关发展成一个香港也未可知。

三

踏着当年的石板路，从平浪宫一直往南，竟走了很长的时辰。其实平浪宫也不是街道的起点。

街上依然有零星的商铺，有粉蒸肉、砂子烙馍及神仙凉粉的摊位，这些都是以前传下来的荆紫关的名吃。一些进入老年的女人在门口做着手工的活计，无非是些针缝手编之物。缝的鸡狗之类的小物品摆在阳光里，草鞋成了最好的卖点。加工木材的店铺不少，工艺品、农具之类，甚至还有棺材铺，一口厚重的棺木正在进入最后的程序，让没有见过的女孩急切看了又急切地躲闪而去。

相挨过于紧密的屋舍能够感觉出当年的繁华。屋与屋间高高竖起的白色的防火墙，尤为显眼。很容易看出，一家遇到火灾，从上面蹿出的火苗，无法扫过另一家去。街道不是直的，高低错落的屋舍有了层次，而一面面白色的墙，从不同的角度看，竟显出了不同的艺术效果。早晚的太阳的光线，明晦地打在墙的这面或者那面。

街道临河的部分，很多的房屋采用了吊脚楼的方式，这是为了离水更近，船工一上

20

岸就可走入这些店铺。这在中原是极为少见的，一定是从湖北传来的经验。那些支撑的原木与砖石是立在水中的，如今也就只做了一些象征存在着。丹江河再也没有了往日的奔腾，或许是在一夜间突然就消失了，随着消失的还有一只只的船，以及由这些船载来的喧闹。

一条小街又回到了原来的状态，只是多了一些岁月的遗产。

随便地走进一处所在，门脸不怎么起眼儿，里面却是广阔深奥，颓废的屋舍有些还没有休整的迹象。而当年这些地方是住满了人的，一个陕西商人的"德盛正"商行，雇的伙计就有一百多人。

我不知道那些商人以及他们后代的最终命运，现在一处处院落都成了混杂的住家，或经过改造，打通、隔断，或拆除掉了。相问起来，都没有令人满意的回答。

我就这样在一个院落一个院落里穿梭，

我的脚步显得急迫，我想找到些什么答案。

我看到许多的被毁的石雕、断残的碑刻堆在哪个角落，那些精美的石雕，可与故宫里的饰物相媲美，有些墙上、屋脊上、门窗上的雕刻也残毁不全了，雕刻的内容多是历史典故与民间传说。一些草随时会在什么地方冒出来。看时感到了心内猛然地一疼，而在哪个年份，对待它们也许连眼睛都不会眨一下。

那般繁华的地方变得如此冷僻的原因是什么？是丹江河水的减少、陆路交通的发展，抑或是战事的频仍、朝代的更替、政策的制约？看着这些宏大的建筑，像看到坐在墙角依然透出坚毅与深邃的苍髯老者，我一时找不到结果，也许是其中的某个原因，也许所有的疑问都是答案。

一块不大的碑石引起人们的兴趣，以此石为界，西归陕西管，东北归河南管，东南归湖北管。当时的朝廷没有现代意识，把荆紫关单辟成一个特区。

　　谁的手机响了，拿着边走边打，有人提醒说，别迈到省外去，会被扣掉漫游费。这里人家里装三部电话不是什么稀奇事儿，许多的人家三个省都有亲戚，不是河南的小伙当了陕西的女婿，就是湖北的小伙娶了河南的姑娘。

　　镇里的领导说，河南老汉王东合办八十大寿的时候，女儿、女婿之类的亲人从四处赶来，三省人济济一堂，吆五喝六，王老汉因此得了个雅号——"三省总督"。

　　饭菜摆上来，典型的农家风味，实际上也是荆紫关的风味。采自山野的野菜，长自山里的粗粮，乡间养的笨鸡，捞自水里的河虾，还有当地人爱喝的老酒。荆紫关人热情地相劝着，那话语，是独有的融合了三省语音的口语，淳厚而动听。

　　从老屋里出来时，都有了些许的微醺。

　　走出街道不远，田野里的麦子正摇晃着丰收，采下一颗，沉甸甸的穗子满是籽仁。再往前走，就见了更广阔的田地，一片金黄的麦浪起伏着更大的欣喜。远远望去，像一道河或一片湖。更远处的树和山挡住了视线。收获的时间到了。有人说这里就是淅川老城旧址，为修丹江水库搬迁了，变成了田地。淅川县城是该离荆紫关不远的，它也要利用荆紫关的优势。而不久这里又要变成一片汪洋。这是为了抬高南水北调之源丹江水库的水位，使丹江水能顺利地一路向北，直达北京和天津。这块古

老而传奇的土地又将做出奉献了，那么荆紫关呢？我突然想起这个问题。

　　幸而荆紫关由于所在地势，不会受到影响。荆紫关会像一个符号，永远地留在山与水、历史与现代的坐标上。也许将来人们循着南水北调的线路走近出水口淅川，会来看看这道历史的裂痕。那时的荆紫关比现在要热闹些了。

　　坐上车子走出好远了，回头看时，竟又看到了石坊上一个名字——"白浪"。那是一个水的名字，形象的一股水流永远地凝固在了记忆中。

　　（淅川县荆紫关镇入选《第二批中国历史文化名镇名村名单》）

春游荆紫关

李清竹 | 文

三月,豫西一带的迎春花开得正艳,而接近湖北的豫东平原的油菜花却已经盛开。透过车窗放眼望去,田野里满是绿油油的麦苗、黄澄澄的油菜花,杏花、桃花、梨花,掩映着山脚下葱葱郁郁的人家,近山青,远山黛,扑面而来的是温润的春风、澄静而丰美的画卷。淅川县城往西的75公里间,车子就是在这色彩缤纷的天然织锦中穿行,沿连绵起伏的古道驶向荆紫关。

荆紫关位于鄂、豫、陕三省交界的群山之间,最早的地理书籍《禹贡》记载:荆紫关早在战国以前就是"西接秦川,南通鄂渚"的交通要塞。最早听说"荆紫关"这个名字,是在一个偶然的机会,读了贾平凹的散文《白浪街》,在这篇散文中作者是这样描述的:"丹江流经竹林关,向东南而去,便进入了商南县境。一百十一里到徐家店,九十里到梳洗楼,五里到月亮湾,再一十八里拐出沿江第四个大湾川到荆紫关。"荆紫关古时为关隘,流传至今就成了有三省风韵的荆紫关古镇。荆紫关西五里接陕西省商南县白浪镇,南去五里接湖北郧县(现为十堰市郧阳区)白浪镇,三省结合处为河南省淅川县荆紫关古镇镇政府所在地,一镇跨三省,据说全国独此一处。

荆紫关最有名的是号称"三省一条街"的白浪街。这条不足百米的街道,居民不过百户,却有豫、鄂、陕三省的人在此居住。小小的一条白浪街,这头能看到那头,走过去,似乎并不感觉这是条街道,只是两排屋舍对门而开。门一律是装板门,门窗用土漆刷黑,凝重、锃亮,俨然如铁门钢窗。墙壁和屋脊都用白灰抹了。站在老街往远处江南望去,太阳初升,一片迷离,那山根儿、村舍皆不甚清楚,那错错落落的屋脊

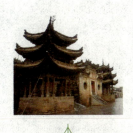

【作者简介】
李清竹,河南嵩县人。现供职于某电视台。

就显出对等的白直线段。白浪河并无波浪，更非白色，只是一条浅浅的满河黑色碎石的沙河而已。白浪街是三省的交会点，于是这里便有了颇为有趣的风土人情——明明是街坊邻居，可收听的戏曲各不相同，有听豫剧的，有听秦腔的，有听汉剧的。走在街上，能同时听到三种方言。据说：当地有一个老者，三个女儿找了三个省的女婿，过寿时一家人相聚，南腔北调，好不热闹。白浪街虽杂，却杂而不乱，各自有各省的电视、电话和广播。隔了一条街或是一堵墙、一条小溪，打个电话就成为出省了，于是，为了方便，这里的人家基本上都安三部电话，往哪个省打电话就用哪个省的电话。

在这条小街上，三省的地界犬牙交错，屋舍相连，很难说清确切的分界线。单看那些民房，可以看到不同地域文化的特色。湖北人把房子盖成马鞍形，陕西人的房子是前低后高，河南人则将房子建成了平面屋顶。居民的衣着打扮也不相同，五花八门，各具特色。白浪街上有一牌坊，气势雄伟，这个牌坊跨两个省份，平时多有好奇的游人在此

于两省间转悠。最有意思的是在商店买东西，这边卖的是河南的产品，那边卖的是陕西的。这里的居民大都讲三省的口语，有时甚至一句话就能有三种不同的腔调，真是"三省四方客，十雨五风时"。

白浪街街面十分单薄，两排房子，北边的沿河堤筑起，南边的房后即是一片田地，一直到山根儿。街道三步宽，中间却要流一道溪水，一半有石条棚，一半没有棚，清清亮亮，无声无息。水岸边是大片大片的金黄色的油菜花，背着孩子的妇女们说说笑笑着在花海中穿行。一棵柳树，弯腰扭身，一副媚态。风一吹，万千柔枝，一会儿打在北边的木板门上，一会儿刷在南边的方格窗上，东西南北风向，在街上是无法以树判断的。

三省交界，界牌就是一块仄石，小小的仄石竟如泰山一样举足轻重，神圣不可侵犯。以这怪石东西直线上下，南边的是湖北地面；以这怪石南北直线上下，北边的街是陕西，下是河南。因为街道不直，所以街西头一家，三间上屋属湖北，院子却属陕西。据说解放以前，地界清楚，人居杂乱，

湖北人住在陕西地上，年年给陕西纳粮，陕西人住在河南地上，年年给河南纳粮。如今人随地走，那世世代代杂居的人就只得改其籍贯了。但若查起籍贯，陕西的为白浪村，河南的也是白浪村，湖北的也是白浪村，大凡找白浪某某之人，一定需要强调某某省名方可。这是听饭店老板说的，只是在牌坊的两边，看到了两个牌子，湖北省郧县白浪镇白浪村治安室，和陕西省商南县白浪镇白浪村治安室，一步之遥，两省之分。

步入荆紫关镇，印象最深的当属那些保存完好的老街古巷和完美建筑，丹江河自西向东绕过荆紫关镇奔流而下，在这里形成了商业重镇，东南沿海的丝绸、瓷器，秦岭、伏牛山的桐油、生漆多在此集散，渐渐地这里成了商贾云集之地，最兴旺的清朝中期，荆紫关镇有三大公司、八大帮会、十大骡马店，二十四商号，康衢数里，居室千家，各地客商纷纷在此修宫建馆，毗邻河道有一条弯弯的长街，在这条长街的两侧，整齐地排列着砖瓦结构的店铺，这是荆紫关镇有名的清代商业一条街。

老街的门楼是石雕的，故称"花城门"，中间是拱门，门楣上书"荆紫关"。进入关门就是古街，这条狭窄的古街长长的，当地人称"五里长街"，街道两侧门面后是几进院落，对称厢房，结构严谨，里里外外都古色古香。街是旧街，低矮、弯曲、狭窄。街道两旁，肩并肩地排列着数百间前店后屋的两层砖木结构瓦房，雕梁画栋，古雅清幽。临街的房门，都是由漆成黑色的一块块木板组成，昼抽夜闭，十分方便。由于所有店铺都是连在一起，相邻店铺之间的屋顶，都建有两米的封火墙，高低错落又相互重叠。建于清代道光年间的山陕会馆，坐东向西，面临丹江，大门楼、戏楼、过道楼、钟楼、春秋楼（中殿）、后殿等古建筑，气势宏伟，由此可以看出晋、陕两省商人的富有。山陕会馆的狮子，木雕的、石刻的，栩栩如生，房柱的柱顶石上有，门楣的两侧有，房角的基石上有，檩条上有，柱子上有，屋檐上有……每一处石刻都是繁华褪尽

的记忆。平浪宫、万寿宫、马饮桥……漫步古街老巷，时不时地可看到商铺门前挂的大红灯笼，挑出一个斗大的"酒"字招牌，在飘荡着香味的店面前摇曳，颇有江南酒肆的风韵。踏着街上厚厚的青石板，看着街道两边墙壁斑驳的老店，恍如隔世一般。

荆紫关镇的饮食风味也是丰盛的，一街两厢，河南胡辣汤、湖北三合汤、陕西羊肉泡馍随处可见。陕西人开的羊肉馆一般都是清真的，门口支一口大锅，火旺旺地熬着老汤，店家也一口回回腔。而最有味的当属陕西皮带面，用各种料拌着吃，红红的一层油，满嘴的余香还有老板地道的陕西腔，那味、那景、那面，真真让人回味无穷。

湖北人在古镇里经商的人数最多。"天上九头鸟，地有湖北佬"，他们待人和气，处事机灵。所开的饭店餐具干净，桌椅整洁，男人的卫生帽雪白雪白，老板娘的头发

也是丝纹不乱。若是有客稍稍在门口向里一张望，他们便热情出迎，介绍饭菜，帮拿行李，你不得不进去吃喝，似乎你不是来给他"送"钱的，倒是来享他的福的。在一张八仙桌前坐下，先喝茶，问起这白浪街的历史，他一边叮叮咣咣刀随案板响，一边说了三朝道了五代，还忍不住又自夸这里男人义气、女人好看。一声呐喊，对门的窗子里就探出一个俊脸儿，不一会儿，腰身细软、眉眼俏丽的老板娘就会端上几碟拿手的湖北小菜——东坡豆腐、黄陵豆丝、家常茄子、地三鲜，还有一碗油旺旺的"云梦鱼面"，色香味美，抿尝一口，酸辣悠长。

最热闹的是夜色笼罩下的荆紫关古镇老街，一街两厢大排档，卖面的吆喝声、炒菜的吱啦声、客人的聊天声，鄂菜、豫菜以及陕西拉面的香味、辣味、烟味，统统回荡在古街老巷。南来北往的吃客、品尝小吃的游

人随处可见，但更多的食客还是当地的老街坊。这里的人在黄道吉日里，不论是娶妻嫁女，都喜欢在晚上待客，张灯结彩，欢聚一堂。也许是白天下地太忙，总之是传下来的古风老规矩，宴席就摆在老街上，长板凳一条连着一条，排满了整个古巷，大锅里热腾腾地炖着红肉、酥肉、排骨、豆腐、白菜，长长的桌面上放着小菜、烧鸡、凤爪、皮蛋、花生米，外加一条条黄澄澄的烤鱼。打开一瓶当地产的"白河老酒"，老老少少围桌对坐，举杯相饮。响器声、弦索声、大小炮仗声、划拳高呼声，点缀着水席，热闹、兴奋而又热烈，好不惬意，引得游人都忍不住驻足观看，失了态。

而街的那边，陕西人，固有的风俗使他们永远处于一种中不溜儿的地位。勤劳是他们的本分，保守是他们的性格。对于河南人、湖北人的大吃大喝，他们并不眼馋，一碗生日长寿面照样吃得满脸油汗。

抬头仰望，一轮明月当空，看着这眼前尽情地享受着太平生活的荆紫关人，我真有些感慨，这么多年，人们所追求的不就是这样一个古风古俗、清香袭人、高朋满座的快乐生活吗？不知不觉，我也已是酒足饭饱，一个人在古镇街巷徘徊，独自留恋着这里的古老风情，羡慕荆紫关人淳朴平静的心态，还有那种无损坏、无忧无虑的生活习俗，早耕晚息，随遇而安，大家都似躲在一个桃花源中，在老街古巷、邻里之间，悠然地生存着。

第二天一早醒来时，荆紫关古街老巷里静静的，喧嚷了一夜的人们似乎还体味在昨晚喜悦的梦呓中，只有沿街叫卖豆腐的小贩的吆喝声在街巷中回荡着："卖豆腐了！又鲜又嫩的老豆腐了！"细听，那长长的叫卖声中有着河南人的老腔，还带有一点湖北调的味道。这就是荆紫关古镇"三省一街，一调三腔"的韵味。

（淅川县荆紫关镇入选《第二批中国历史文化名镇名村名单》）

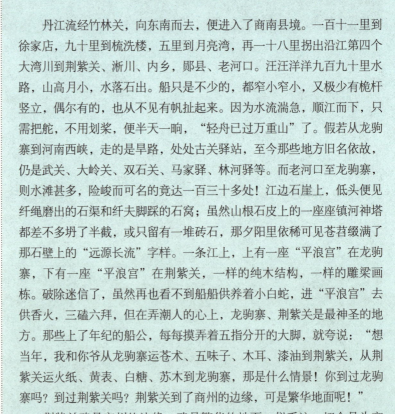

白 浪 街

贾平凹｜文

　　丹江流经竹林关，向东南而去，便进入了商南县境。一百十一里到徐家店，九十里到梳洗楼，五里到月亮湾，再一十八里拐出沿江第四个大湾川到荆紫关、淅川、内乡、郧县、老河口。汪汪洋洋九百九十里水路，山高月小，水落石出。船只是不少的，都窄小窄小，又极少有桅杆竖立，偶尔有的，也从不见有帆扯起来。因为水流湍急，顺江而下，只需把舵，不用划桨，便半天一晌，"轻舟已过万重山"了。假若从龙驹寨到河南西峡，走的是旱路，处处古关驿站，至今那些地方旧名依故，仍是武关、大岭关、双石关、马家驿、林河驿等。而老河口至龙驹寨，则水滩甚多，险峻而可名的竟达一百三十多处！江边石崖上，低头便见纤绳磨出的石渠和纤夫脚踩的石窝；虽然山根石皮上的一座座镇河神塔都差不多坍了半截，或只留有一堆砖石，那夕阳里依稀可见苍苔缀满了那石壁上的"远源长流"字样。一条江上，上有一座"平浪宫"在龙驹寨，下有一座"平浪宫"在荆紫关，一样的纯木结构，一样的雕梁画栋。破除迷信了，虽然再也看不到船船供养着小白蛇，进"平浪宫"去供香火，三磕六拜，但在弄潮人的心上，龙驹寨、荆紫关是最神圣的地方。那些上了年纪的船公，每每摸弄着五指分开的大脚，就夸说："想当年，我和你爷从龙驹寨运苍术、五味子、木耳、漆油到荆紫关，从荆紫关运火纸、黄表、白糖、苏木到龙驹寨，那是什么情景！你到过龙驹寨吗？到过荆紫关吗？荆紫关到了商州的边缘，可是繁华地面呢！"

　　荆紫关确是商州的边缘，确是繁华的地面。似乎这一切全是为商州天造地设的，一闪进关，江面十分开阔。黄昏中平川地里虽不大见孤烟直长的景象，落日在长河里却是异常的圆。初来乍到，认识论为之改

【作者简介】
　　贾平凹，陕西人。著名作家。我国当代文坛屈指可数的文学大家和文学奇才，被誉为"鬼才"。代表作有《秦腔》《高兴》《心迹》《爱的踪迹》等，曾获多次文学大奖。

張海　中国书法家协会主席,中国书法家协会委员会主任评审委员会副主任河南省文联主席河南省书法家协会主席,第八,九十届全国人大代表国家有突出贡献的专家.

变：商州有这么大平地！但江东荆紫关，关内关外住满河南人，江西村村相连，管道纵横，却是河南、湖北口音，唯有到了山根下一条叫"白浪"的小河南岸街上，才略略听到一些秦腔呢。

这街叫"白浪街"，小极小极的。这头看不到那头，走过去，似乎并不感觉这是条街道，只是两排屋舍对面开门，门一律装板门罢了。这里最崇尚的颜色是黑白：门窗用土漆刷黑，凝重、锃亮，俨然如铁门钢窗，家里的一切家什，大到柜子、箱子，小到罐子、盆子，土漆使其光明如镜，到了正午，你一人在家，家里四面八方都是你。日子富裕的，墙壁要用白灰搪抹，即使再贫再寒，那屋脊一定是白灰抹的，这是江边人对小白蛇（白龙）信奉的象征，每每太阳升起空间一片迷离之时，远远看那山根儿，村舍不甚清楚，那错错落落的屋脊就明显出对等的白直线段。烧柴不足是这里致命的弱点，节柴灶就风云全街，每一家一进门就是一个砖砌的双锅灶，粗大的烟囱，如"人"字立在灶上，灶门是黑，烟囱是白。黑白在这里和谐统一，黑白使这里显示亮色。即使白浪河，其实并无波浪，更非白色，只是人们对这一条浅浅的满河黑色碎石的沙河的理想而已。

街面十分单薄，两排房子，北边的沿河堤筑起，南边的房后就一片片田地，一直到山根。数来数去，组成这街的是四十二间房子，一分为二，北二十一间，南二十一间，北边的斜着而上，南边的斜着而下。街道三步宽，中间却要流一道溪水，一半有石条棚，一半没有棚，清清亮亮，无声无息，夜里也听不到响动，只是一道星月。街里九棵柳树，弯腰扭身，一副媚态。风一吹，万千柔枝，一会儿打在北边木板门上，一会儿刷在南边方格窗上，东西南北风向，在街上是无法以树判断的。九棵柳中，位置最中的、身腰最弯的、年代最古老而空了心的是一棵垂柳。典型的粗和细的结合体，桩如桶，枝如发。树下就侧卧着一块无规无则之怪石。既伤于观赏，又碍于街面，但谁也不能去动它。那简直是这条街的街徽。重大的集会，这石上是主席台，重要的布告，这石上的树身是张贴栏，就是民事纠纷、起咒发誓，也只能站在石前。

就是这条白浪街，陕西、河南、湖北三省在这里相交，三省交结，界牌就是这一块仄石。小小的仄石竟如泰山一样举足轻重，神圣不可侵犯。以这怪石东西直线上下，南边的是湖北地面，以这怪石南北直线上下，北边的街上是陕西，下是河南。因为街道不直，所以街西头一家，三间上屋属湖北，院子却属陕西，据说解放以前，地界清楚，人居杂乱，湖北人住在陕西地上，年年给陕西纳粮，陕西人住在河南地上，年年给河南纳粮。如今人随地走，那世世代代杂居的人就只得改其籍贯了。但若查起籍贯，陕西的为白浪大队，河南的为白浪大队，湖北的也为白浪大队，大凡找白浪某某之人，一定需要强调某某省名方可。

一条街上分为三省，三省人是三省人的容貌，三省人是三省人的语言，三省人是三省人的商店。如此不到半里路的街面，商店三座，座座都是楼房。人有竞争的秉性，所以各显其能，各表其功。先是陕西商店推倒土屋，一砖到顶修起十多间一座商厅；后就是河南弃旧翻新堆起两层木石结构楼房；再就是湖北人，一下子发奋起四层水泥建筑。货物也一家胜筹一家，比来比去，各有长短，陕西的棉纺织品最为赢，湖北以百货齐全取胜，河南挖空心思，则常常以供应短缺品压倒一切。地势造成了竞争的局面，竞争促进了地区的繁荣，就是这弹丸之地，成了这偌大的平川地带最热闹的地方。每天这里人打着旋涡，四十二户人家，家家都做生意，门窗全然打开，办有饭店、旅店、酒店、肉店、烟店。那些附近的生意人也就担筐背篓，来摆摊，天不明就来占却地点，天黑严才收摊而回，有的则以石围圈，或夜不归宿，披被守地。别处买不到的东西，到这

里可以买，别处见不到的东西，到这里可以见。"小香港"的名声就不胫而走了。

三省人在这里混居，他们都是炎黄的子孙，都是共产党的领导，但是，每一省都不愿意丢失自己的省风省俗，顽强地表现各自的特点。他们有他们不同于别人的长处，他们也有他们不同于别人的短处。

湖北人在这里人数最多。"天有九头鸟，地有湖北佬"，他们待人和气，处事机灵。所开的饭店餐具干净，桌椅整洁，即使家境再穷，那男人卫生帽一定是雪白雪白，那女人的头上一定是纹丝不乱。若是有客稍稍在门口向里一张望，就热情出迎，介绍饭菜，帮拿行李，你不得不进去吃喝，似乎你不是来给他"送"

钱的，倒是来享他的福的。在一张八仙桌前坐下，先喝茶，再吸烟，问起这白浪街的历史，他一边叮叮咣咣刀随案板响，一边说了三朝，道了五代。又问起这街上人家，他会说了东头李家是几口男几口女，讲了西头刘家有几只鸡几头猪；忍不住又自夸这里男人义气，女人好看。或许一声呐喊，对门的窗子里就探出一个俊脸儿，说是其姐在县上剧团，其妹的照片在县照相馆橱窗里放大了尺寸，说这姑娘好不，应声好，就说这姑娘从不刷牙，牙比玉白，长年下田，腰身软。要问起这儿特产，那更是天花乱坠，说这里的火纸，吃水烟一吹就着；说这里的瓷盘从汉口运来，光洁如玻璃片，结实得落地不

碎，就是碎了，碎片儿刮汗毛比刀子还利；说这里的老鼠药特有功效，小老鼠吃了顺地倒，大老鼠吃了跳三跳，末了还是顺地倒。说的时候就拿出货来，当场推销。一顿饭毕，客饱肚满载而去，桌面上就留下七元八元的，主人一边端着残茶出来顺门泼了，一边低头还在说：照看不好，包涵包涵。他们的生意竟扩张起来，丹江对岸的荆紫关码头街上有他们的"租地"，虽然仍是小摊生意，天才的演说使他们大获暴利，似乎他们的大力丸，轻可以止痒，重可以防癌，人吃了有牛的力气，牛吃了有猪的肥膘；似乎那代售的避孕片，只要和在水里，人喝了不再多生，狗喝了不再下崽，浇麦麦不结穗，浇

31

树树不开花。一张嘴使他们财源茂盛，财源茂盛使他们的嘴从不受亏，常常三个指头高擎饭碗，将面条高挑过鼻，沿街吸吸溜溜地吃。他们是三省之中最富有的公民。

河南人则以能干闻名，他们勤苦而不恋家，强悍却又狡慧，靠山吃山，靠水吃水，大人小孩没有不会水性的，每三日五日，结伙成群，背了七八个汽车内胎逆江而上，在五十里六十里的地方去买柴买油桐籽。柴是一分钱二斤、油桐籽是四角钱一斤。收齐了，就在江边啃了干粮，喝了生水。憋足力气吹圆内胎，便扎柴排顺江漂下。一整天里，柴排上就是他们的家，丈夫坐在排头，妻子坐在排尾，孩子坐在中间。夏天里江水暴溢，大浪滔滔，那柴排可接连三个、四个，一家几口全只穿短裤，一身紫铜色的颜色，在阳光下闪亮，柴排忽上忽下，好一个气派！到了春天，江水平缓，过姚家湾、

梁家湾、马家堡、界牌滩，看两岸静峰峭峭，赏山峰林木森森，江心的浪花雪白，崖下的深潭黝黑。遇见浅滩，就跳下水去连推带拉，排下湍流，又手忙脚乱，偶尔排撞在礁石上，将孩子弹落水中，父母并不惊慌，排依然在走，孩子眨眼间冒出水来，又跳上排。到了最平稳之处，清风徐来，水波不兴，一家人就仰躺排上，看天上水纹一样的云，看地下云纹一样的水，醒悟云和水是一个东西，只是一个有鸟一个有鱼而区别天和地了。每到一湾，湾里都有人家，江边有洗衣的女人，免不了评头论足，唱起野蛮而优美的歌子，惹得江边女子掷石大骂，他们倒乐得快活，从怀里掏出酒来，大声猜拳，有喝到六成七成，自觉高级干部的轿车也未比柴排平稳，自觉天上神仙也未比他们自在。每到一个大湾的渡口，那里总停有渡船，无人过渡，船公在那里翻衣捉虱，就喊一声：

"别让一个溜掉！"满江笑声。月到江心，柴排靠岸，连夜去荆紫关拍卖了，柴是一斤二分，油桐籽五角一斤；三天辛苦，挣得一大把票子，酒也有了，肉也有了，过一个时期"吃饱了，喝涨了"的富豪日子。一等家里又空了，就又逆江进山。他们的口福永远不能受损，他们的力气也是永远使用不竭。精打细算与他们无缘，钱来得快去得快，大起大落的性格使他们的生活大喜大悲。

陕西人，固有的风格使他们永远处于一种中不溜儿的地位。勤劳是他们的本分，保守是他们的性格。拙于口才，做生意总是亏本，出远门不习惯，只有小打小闹。对于河南、湖北人的大吃大喝，他们并不眼馋，看见河南、湖北人的大苦大累反倒相讥。他们是真正的安分农民，长年在土坷垃里劳作。土地包产到户后，地里的活一旦做完，油盐酱醋的零花钱来源就靠打些麻绳了。走进每一家，门道里都安有拧绳车子，婆娘们盘脚而坐，一手摇车把，一手加草，一抖一抖的，车轮转得是一个虚的圆团，车轴杆的单股草绳就发疯似的肿大。再就是男子们在院子里开始合绳：十股八股单绳拉直，两边一起上劲，长绳就抖得眼花缭乱，白天里，日光在上边跳，夜晚里，月光在上边碎，然后四股合一条，如长蛇一样扔满了一地。一条绳交给国家收购站，钱是赚不了几分，但他们个个心宽体胖，又年高寿长。河南人、湖北人请教养身之道，回答是：不研究行情，夜里睡得香，心便宽；不心重赚钱；茶饭不好，却吃得及时，便自然体胖。河南、湖北人自然看不上这养身之道，但却极愿意与陕西人相处，因为他们极其厚道，街前街后的树多是他们栽植，道路多是他们修铺，他们

注意文化，晚辈里多有高中毕业，能画中堂上的老虎，能写门框上的对联，清夜月下，悠悠有吹箫弹琴的，又是陕西人氏，"宁叫人亏我，不叫我亏人"，因而多少年来，公安人员的摩托车始终未在陕西人家的门前停过。

三省人如此不同，但却和谐地统一在这条街上。地域的限制，使他们不可能分裂仇恨，他们各自保持着本省的尊严，但团结友爱却是他们共同的追求。街中的一条溪水，利用起来，在街东头修起闸门，水分三股，三股水打起三个水轮，一是湖北人用来带动压面机，一是河南人用来带动轧花机，一是陕西人用来带动磨面机。每到夏天傍晚，当街那棵垂柳下就安起一张小桌打扑克，一张桌坐了三省，代表各是两人，轮换交替，围着观看的却是三省的老老少少，当

然有输有赢，友谊第一，比赛第二。月月有节，正月十五，二月初二，五月端午，八月中秋，再是腊月初八，大年三十，陕西商店给所有人供应鸡蛋，湖北商店给所有人供应白糖，河南就又是粉条，又是烟酒。票证在这里无用，后门在这里失去环境。即使在"文革"中，各省枪声炮声一片，这条街上风平浪静；陕西境内一乱，陕西人就跑到湖北境内，湖北境内一乱，湖北人就跑到河南境内。他们各是各的避风港，各是各的保护人。各家妇女，最拿手的是各省的烹调，但又能做得两省的饭菜。孩子们地道的是本省语言，却又能精通两省的方言土语。任何一家盖房子，所有人都来"送菜"，送菜者并不仅仅送菜，有肉的拿肉，有酒的提酒，来者对于主人都是帮工，主人对于帮工都待如至客；一间新房便将三省人扭和在一起

了。一家姑娘出嫁，三省人来送"汤"，一家儿子结婚，新娘子三省沿家磕头作拜。街中有一家陕西人，姓荆，63岁，长身长脸，女儿八个，八个女儿三个嫁河南，三个嫁湖北，两人留陕西，人称"三省总督"。老荆58岁开始过寿日，寿日时女儿、女婿都来，一家人南腔北调语音不同，酸辣咸甜口味有别，一家热闹，三省快乐。

一条白浪街，成为三省边街，三省的省长他们没有见过，三县的县长也从未到过这里，但他们各自不仅熟知本省，更熟知别省。街上有三份报纸，流传阅读，一家报上登了不正之风的罪恶，秦人骂"瞎"，楚人骂"操蛋"，豫人骂"狗球"；一家报上刊了振兴新闻，秦人说"燎"，楚人叫"美"，豫人喊"中"。山高皇帝远，报纸却使他们离政策近。只是可惜他们很少有戏

看，陕西人首先搭起戏班子，湖北人也参加，河南人也参加，演秦腔，演汉调，演豫剧。条件差，一把二胡演过《血泪仇》，广告色涂脸演过《梁秋燕》，以豆腐包披肩演过《智取威虎山》，越闹越大，《于无声处》的现代戏也演，《春草闯堂》的古典戏也演。那戏台就在白浪河边，观者人山人海。一时间，演员成了这里头面人物，每每过年，这里兴送对联，大家联合给演员家送对联，送的人庄重，被送的人更珍贵，对联就一直保存一年，完好无损。那戏台两边的对联，字字斗般大小，先是以红纸贴成，后就以红漆直接在门框上书写，一边是："丹江有船三日过五县"，一边是"白浪无波一石踏三省"，横额是"天时地利人和"。

（淅川县荆紫关镇入选《第二批中国历史文化名镇名村名单》）

赊 店 行

郑长春｜文

【作者简介】
　　郑长春，笔名"老枪"，河南省社旗人。中国青年文艺学会顾问，中国散文学会会员，陕西省作协会员。现供职于陕西省委政法委《政法天地》杂志社。

　　豫南重镇赊店无论从哪个角度说，都该是中国商会经济的一个"活标本"。至于盛名之上的山陕会馆、春秋楼、九门城垣、七十二道街等，那都不过是一个古老的商标而已。真正的硬件，还是这个地方有碑为证、绵延百年的商业诚信文化！

　　赊店虽名为"店"，但其城郭气象与文化内涵却与北京故宫有异曲同工之妙。我走过中国许多地方，单就山陕会馆高耸云天流光溢彩的飞檐翘角、珍禽异兽等艺术造型，其精美程度是找不出第二家的。所以，看赊店不能像看人一样，仅仅听名而视之，而要透过现象看本质。俗话说，"人不可貌相，海水不可斗量"，何况镇守一方的历史重镇赊店乎？如果你真的潜意识里把它当作了一个地理范畴中的小店、小馆、小街、小镇、小城，那也实在太小看了它的存在。

　　无数人的错觉，造成了今日赊店的悲哀！

　　这里最早确实是一个小店——永隆酒家，因汉光武帝刘秀起兵反王莽时，以赊用酒家门口的招牌旗作帅旗而得名"赊旗店"。至于刘秀缘何走马赊店，又为何非要选择这酒家的招牌旗作帅旗，我们不得而知，那是历史学家的事儿。但，我们今天看到这个历经千年之变的中原古镇，并没有实现想象中该有的辉煌——山陕会馆的建筑艺术再辉煌，也掩盖不住这个古镇如今的一片沧桑与没落。唉，经济实力上的没有"脱贫"，再辉煌的传奇也只能是一声长叹！

　　这不是赊店的错。好比一个人，你曾经多么叱咤风云、不可一世，但现在确实衰弱了、年迈了，甚至说是不得志了。那又能如何？必须面对现实，痛定思痛，然后找准位置，谋求突破——穷其所有，去培

养下一个"发展目标"。否则，也只能在历史的潮流中接受大浪淘沙了。纵凤凰落地不如鸡，虎落平川被犬欺，但到底，虎终归是虎，凤凰依然是凤凰。虽然打这个比方有些夸张，但观照眼前的赊店，多少是有些相似之处的。想一想，一个曾经被皇帝看中的地方，一个曾为九省通衢的交通枢纽，现在不知不觉从人们的视野中淡化了、消失了，是不是有些不可思议，让人难以接受？

这个时候，最理智的努力就是坚守与超越。一千多年前，一个司马迁受了宫刑，成就了一代史学家；一百多年前，一个曹雪芹家境破败，成就了一部《红楼梦》。是的，对于一个有志者来说，人生的品牌，要么绝唱，要么名著；要么满怀悲壮仰天长啸，要么独善其身隐居求志。从某个角度上说，不也扭转了乾坤，抒写了风流？如果把遭受不公平命运的赊店看成是一个人，这个人也一定是个满腹经纶、才华横溢的儒商，只是在等待时机。

世界第八大奇迹兵马俑，不也是在沉睡千年之后重见天日，一经发掘名动天下，整天喧闹得挡都挡不住？其实，沉默中的赊店命运将来也大抵如此。我们姑且把它现在的低调当作是一种修炼，把沉默当作是一种积蓄，把清寂当作是一种幸运吧。没有骚扰，远离尘嚣，这不是一种幸运是什么？于社会转型期，这种幸运是可怕的，也是令人敬畏的。它充满悬念，充满神秘，充满理智和觉醒，就像一位沙场之外的军事观察家，深藏着气吞八荒的雄心；如一位海潮之岸的悠悠垂钓者，在等待着"愿者上钩"。走着瞧吧，当一切浪潮恢复到原有的冷静之后，你会惊奇地发现：呵，原来赊店竟是这样一位高人！

赊店位于赵河之阳、潘河之阴，大有"二龙戏珠"之相。可不要小看了这两条河，这两条河该是赊店肌体上的大动脉和大静脉。一条西接丹江，达秦蜀；一条南下长江，进湖广。陆路更便利，北上方城

连京汴，东去泌阳通皖鲁。遥想当年，在那个没有飞机、火车、汽车，全靠水陆舟车的年代，赊店的优势是绝对的得天独厚。鼎盛时，全城人口突破11万之众，远远超出今日的县城人口数量。全城客栈林立，庙宇棋布，能叫上名字的有大王庙、孔庙、福建会馆、江西会馆、湖北会馆、关帝庙、火神庙、天爷庙、土地庙、龙王庙、马神庙、柴王庙等，一时多少英雄豪杰、富商大贾云集于此。其中，在此发家的山西商帮和陕西商帮，为显财露富、树立品牌，更为光宗耀祖、拓展人脉，遂斥巨资于清乾隆二十年（公元1755年），开始筹建这座具有"叙乡谊，通商情"等多番功能的山陕会馆。巍巍壮观的馆内，悬鉴楼高八丈八，大拜殿楼高

九丈九，春秋楼高十丈十，经嘉庆、道光、咸丰、同治，至光绪十八年（公元1892年）竣工，历时137年。当时，注重兴修水利工程的清朝政府，俨然把赊旗镇当作了今天的"经济特区"或"上海浦东"来开放和管理了，一个"南唐泌方百货厘金局"将周边南阳、唐河、泌阳、方城的税收工作全安排在此，美其名曰"奉旨抽厘"。可见，当年赊店在高层领导心目中占有多么举足轻重的地位。一个这样的风水宝地，就是当时社会经济的一个缩影、一面镜子。面对这面镜子，我们这些匆匆过客心中有何感触呢？

我到赊店的时候，是2007年9月3日，距中秋节还有整整22天。但就在150年前的这个日子，豫西捻军五六千人由泌阳城出，据赊旗镇，清军龙泽厚、邱联恩、格绷额等部追至，大战于赊旗城外。一场血战之后，走上穷途末路的捻军放火焚烧躲在山陕会馆春秋楼上的富商大僚。据说，大火烧了七天七夜，整个城内人心惶惶，鸡飞狗跳。至此，春秋楼的下场，跟阿房宫的结局一样——毁于兵火，毁于一群走投无路、被逼上梁山的流民之手。无知者无畏啊！

其实，应该被永远定在历史耻辱柱上的，不是这些无畏流民，而是那些腐朽无

知的没落官商。翻开这一段的中国历史，你会惊讶地发现，一个没落的封建王朝，已经把华夏民族几千年打造的辉煌，挥霍到何种令人触目惊心的地步：先是中国历史上的第一个不平等条约的签订，接着是太平天国运动、慈禧受宠、火烧圆明园、咸丰之死、辛酉政变、同治暴亡、垂帘听政、甲午战争、马关条约、辛丑条约、太后西逃……呜呼，皇帝都自身难保了，谁还会"照顾"你一个赊旗镇、一个可怜巴巴的春秋楼？赊旗镇是当时的财富象征，春秋楼是商业诚信的坐标，然而生不逢时，人们连命都顾不上了，还要钱干什么？都是穷得叮当响，谁还会饿着肚子给你讲诚信？见鬼去吧！

水可载舟，也可覆舟。这些浅显的道理，大唐盛世的唐太宗李世民是懂的。可是，为什么到了清朝统治者那里就没这记性了呢？他们只记得自己是"泱泱大国"，却忘了今夕是何年！他们只知道自己"老子天下第一"，是优良品种，却不知道还有"草根英雄"和"人民公仆"！他们只知道"量中华之物力，结与国之欢心"，却不知道居安思危、与时俱进！一个忘记历史、堕落无知的领导集团，除了擅长"窝里斗"外，究竟能给这个民族带来多少光耀世界的财富？一个把权利和私欲视为"终身追求"的人，

犹如行尸走肉，他的活着也是一种毁灭！

千百年来，无数心怀爱国怜民之情的仁人志士，犹如星星之火，以自己的绵薄之力推动着历史的滚滚向前。无奈时，一把火烧掉了封建王朝的黑暗，一把火烧出了东方民族的沸腾。只是，可怜了"胳膊拧不过大腿"的下层黎民。他们的抗争与努力，总会被无情的阶级局限性化为一种廉价的利用和无辜的牺牲。春秋楼，便是无数个淹没在历史风云深处中的一个特殊陪葬品。从某种意义上说，它失去的意义甚至远远高于它存在的价值，它"十丈十"的雄姿从此被刻进赊店人的心中，化为一种象征！

多少兴衰事，尽入赊店城。站在依稀在眼前的春秋楼遗址前，我没有悲愤，也没有凄怆，因为那些都已化为历史的记忆。只是一抬头，发现周边又增添了几许高楼，心里突然涌上阵阵难言的酸楚，不知道这些崭新而陌生的建筑，是对赊店的一种刻意保护，还是一些多余的陪衬？

此刻，我多么渴望今日的、明日的赊店不是这般模样，而是一方巍巍城墙，汤汤城河，青石板街，雕梁画栋的亭榭楼台，古朴幽雅的深宅大院，走进去，就不想出来……

（社旗县赊店镇入选《第三批中国历史文化名镇名村名单》）

厚重赊店

周同宾 | 文

说到赊店，一往情深。

20世纪40年代初，我出生在赊店西南三十余里一个名叫"周庄"的村子里。那时候，乡亲们去一回赊店，走一次瓷器街，仿佛今人逛了北京的王府井、上海的南京路，回来有说不完的见闻。外婆家住赊店铜器街。我常住外婆家。铜器作坊里铜匠锻打、镟铣铜盆、铜锅、铜壶、铜勺的响声，喧闹了我寂寞的童年，觉得那是疾徐有致绵绵不绝的乐音。依稀记得，寨墙外宽宽的河面上成队的木船，远去的帆影；穿长袍的异乡人用一条长绳牵十几头骆驼，驼峰间驮着鼓囊囊的货物，踏过潘河上的石桥迤逦北去，驼铃叮咚，声韵悠悠……

那是古镇的繁华渐趋式微的一抹晚照。而今回想，恍如梦境。

我曾在火神庙上小学。放学后挤进街西路边的人堆儿中，听姓杜的艺人说《施公案》（当时叫"说黄天霸"），待他说到紧要处戛然停住，摘下宽边礼帽躬下身双手捧着向听众收钱时，我立马离开。也曾蹭进马神庙街的戏园子，看当红名旦李二凤的梆子戏《五凤岭》，只见观众如痴如醉，几近疯狂。当时有个说法："看一场二凤戏，十天不生气。"我曾在长春街读过六年中学，1959年毕业。记得入学的第一年，管老师叫"先生"，伙房门口挂的牌子上，宋体字写的是"炊爨室"，图书馆藏书甚多，仅商务印书馆出版、王云五主编的《万有文库》就插满几个书架。离校门不远处，街边一棵弯腰古槐，阅尽古镇春秋，却无一字表述。树下，一姓庞的山西人开店，卖旧货，也卖旧书，困窘中依然坚守斯文……

经济虽已败落，但文化的一缕香烟未断。

【作者简介】

周同宾，河南社旗人。中国作协会员，河南省作协理事，中国散文学会会员，南阳市作协副主席。现供职于南阳市文联，一级作家。

正是在赊店古镇求学时期，我开始了我的作家梦，迈出了文学习作的蹒跚脚步。

故乡啊，是我生命的根、文学的源，跋涉的出发地、灵魂的归宿地。

几十年来，曾有多篇文章述说生我养我的那片土地，土地上的人和事，却无一篇写到赊店。我欠老家一笔债，那是感情债、良心债。愿意写这篇文，就有几分还债的意思。

赊店是一部大书，厚重而深沉，丰富而隽永。这书的第一页，记述的应是两千多年前刘秀向刘姓酒肆店主赊旗的掌故。此事正史不载。相对史书，我宁信地名。朝廷养的史官，"太史简""董狐笔"极少，不会把汉光武帝落魄时的事著于竹帛。而地名则是镌刻在大地上的事实，记忆于草民心中的信史。以赊为地名，普天下仅此一家，这是最为独特的，应当切切珍视的。段玉裁注《说文》："买物缓偿其价曰赊。"赊，不是讨要或施舍，而是一笔生意，是赊者和被赊者

都认可的事后付款的买卖。双方共同恪守的道德规范是诚信。这是祖宗留下的一份最可宝贵的精神遗产。

诚信乃商之魂。赊旗小店逐渐发展成为商贾云集八方辐辏的贸易重镇，诚信为本、一诺千金、义中取利、人格重于价格，应是首要因素。殿宇巍峨、金碧辉煌的山陕会馆，是我儿时常去的地方。最难忘大拜殿前石阶两旁光光的石条，曾跑上滑下无数次（娃娃们叫"出溜滑滑"）。那时只会玩，对这座古建筑的历史、文化，当然一无所知。直到前年重游，陪同的家乡朋友才引我看了多处碑刻。最让我震撼、感叹、景仰、倾倒的，是《同行商贾公议戥秤定规概碑》《公议杂货行规碑》《过载行差务碑》。有这些千古不磨的碑文在，诚信就不只停留在道德层面，而成了从业者必须遵守的铁律。不是官府公文告示，而是商家自我约束，足见"诚信"二字在经营者心中的分量。这三通古碑，在中国商业史上的价值再高估也不

为过。直到今天，仍有现实意义。想想市场上缺斤短两、假货不绝的现象，不知当代人是精能了，还是愚蠢了。君子爱财，取之有道；道在赊店，汲取之，借鉴之，自然财源茂盛达三江。

赊店的市场活跃、商贸昌隆，不只赖于水陆交通之便，更缘于赊店人开放包容的宽阔胸怀。那时没有招商的事，不会大张旗鼓地引人投资兴业，却竟招引16省客商荟萃。他们是自动来的，是被赊店这方宝地、赊店人大度能容的器量吸纳来的。据记载，山陕会馆第一期工程，共花费白银七十余万两。另据《创建春秋楼碑记》《重建山陕会馆碑记》所载，捐银的商号各有四百余家（这是有门面的坐商，南来北往的行商多少，不好估量）。前次共捐银八千余两，后次共捐银三万余两，可见他们的富有、慷慨（当时，三两银子即可供八口之家一年的口粮）。山

陕会馆的壮丽堂皇，足以证明当时的物质丰盈。不只有山陕会馆，还有福建会馆、广东会馆等十余座。同乡会馆既维系外省人的乡谊，又显示对客居地深深的信任和爱。赊店人不排外，不欺生，九座寨门敞开，一腔热忱迎宾，付出的是真情，收获的是繁荣，是天下一家、各得其利的双赢。

往事并不如烟。由于种种原因，古老的赊店盛景不再，但一脉商魂犹存，凝聚千载的地气仍在，赊店人重商崇文的基因一直传承。

赊店这部大书，古人写的只是上部。今人写的下部已经开篇，而且开篇就显出不凡，是大手笔，具大气象。是历史，又一次提供了前所未有的机遇。我坚信，下部将更精彩……

（社旗县赊店镇入选《第三批中国历史文化名镇名村名单》）

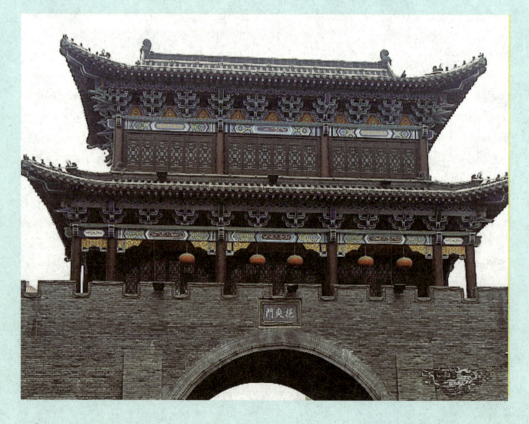

印 象 竹 沟

朱国喜｜文

　　"印象"是一个被人用滥了的题目，但只有用它作为这篇文章的标题才恰切，才能体现我写这篇文章的实际情况。

　　竹沟是我的故乡，我在那里生活了十多年，我的童年和少年都与它有着千丝万缕的联系，它留给我的印象很深，一辈子不会忘记。

　　7月下旬，县作协组织的采风活动，给了我重回竹沟的机会。竹沟是家，回家的感觉当然不一样。

　　竹沟的变化是一点点推进的，因为常回去看看，就不容易发现它的点点滴滴的变化。竹沟革命纪念馆青砖黛瓦，展厅内陈列的文物和一进进的故居安安静静，刘少奇和李先念等人的雕像威严挺拔，旁边的竹子青翠欲滴。延安街的青石板路平整如初，东寨门外的演兵场空空荡荡，大沙河涛声依旧。

　　商业街上已经热闹起来，门市敞开，商品琳琅满目，小商小贩在招揽顾客。

　　穿过大街向北，越过沙河，就到了烈士陵园。陵园的大门口正在施工，园内游客稀少。我们以纪念碑为背景匆匆合影后直奔彩云谷。彩云谷，我去过多次。这次随文友再来，心情自然不同，看景已退居次要，关键是交流感情。文友们玩得很开心，他们踏着五彩的谷底，蹚着清澈的溪水，攀绿藤，采药草，跨巨石，翻峭壁，一路说说笑笑，留影，放纵，怡然自得。

　　我与他们一样快乐，我的快乐里多了一层熟悉、亲切和回忆。我想起了小时候的竹沟，想起了竹沟昔日的人与事。

　　我的小学和初中都是在竹沟读的，小学是竹沟小学，初中是罗洼初

【作者简介】
　　朱国喜，河南确山人。河南省作协会员，中华诗词学会会员，驻马店市诗词学会理事，在多家媒体发表作品，出版有小说集《开花的红尘》，散文集《梦里落花》《缝在棉袄里的母爱》《月是故乡明》《七闲集》和诗歌集《岁月留声》。

中。竹沟小学在确泌公路南侧，与竹沟革命纪念馆紧挨着。我们庄叫"小王庄"，当时只有二十来户，人口不足百人，离竹沟街不到四里。我们上学都步行，大个儿小个儿，背着手缝的花书包，成群结队地去，成群结队地回。每次去和回，都要从街中心穿过。

这是20世纪70年代的事。70年代的竹沟街不大，一条东西街和南北街交叉成十字，没有水泥路。每每逢集，瓦岗和石磙河的商贩、百姓都到竹沟街赶集。竹沟街是周边一带最大的集镇，消费量首屈一指，又被戏称为"母猪街"，意思是购买力强。最热闹的是年集，从腊月二十一到腊月二十九，逢单日便是集，每个年集都热闹非凡。赶年集的日子，学生已经放假，大人小孩从四面八方潮水似的涌来，把整个竹沟街塞得满满当当的。

我的舅爷在竹沟街西头居住，是老协会的会长。老协会是管理集市的民间组织，履行的职责有点类似于工商所。舅爷姓张，个头不高，微胖，面色红润，在当地是名人。他背集务农，逢集经商，日子过得滋润潇洒。能说会道的他，尤其在卖炮和卖针的时候，成了一条街关注的焦点。他站在摊位前的板凳上，边唱边吆喝，吸引了很多顾客围观，里三层，外三层，简直水泄不通。他卖针，左手拿块小木板，右手捏着一根根银针，嗖嗖地往木板上甩，很有小李飞刀的神韵。只见他右手一扬，几根大小不一的针便稳稳当当地扎在了木板上，伴着唱词和拖腔，伴着滑稽的表情和语言。他哪里是在卖针，分明是在进行杂技表演，他把买卖做成了艺术。舅爷卖针很慷慨，不拘小节，顾客说，饶（添）一个，他一甩手饶一个，再一甩手，又饶一个。买的乐滋滋，卖的也很开心。舅爷卖针成了竹沟街集市上的一道风景，他的唱词更是抓人眼球的广告。可惜年深日久，我回忆不出，否则辑录下来，还是难得的"非物质文化遗产"呢。舅爷早已去逝，他留下的那些"风景"依然鲜活地留存于竹沟老一辈人的记忆中。

"75·8"洪灾过后，竹沟街几乎被夷为平地，遵照政府的安排，竹沟街的居民纷纷搬迁到了东西两岭。由于岭高缺水，几年后又陆续搬回街上。街西边和北边原先都是良田沃土，一场洪水把它们冲为沙地，不再长庄稼。公社为了治沙还田，更为了泄洪防灾，动员全乡劳力会战挖渠。一个生产队承包一段，男劳力挖土运土，女劳力烧火做饭。上万人云集在竹沟街西，由南到北，一字排开。远远望去，红旗招展，人影穿梭；走近听听，号子阵阵，人欢马叫——好一派热闹的劳动场面。那是我见过的不多的

壮观场面之一，气势不亚于战争年代延安军民的纺织比赛。妇女们为劳动的男人们准备的午饭大多是白米饭。饭做好了，掀开大锅盖，一股蘑菇云似的蒸气从大铁锅里腾起。妇女在木桶里盛上白生生的米饭，我们眼巴巴地望着。米饭是专门为男劳力准备的，我们这些不出力的学生娃是无权享用的。饭盛好了，膀大腰圆的妇女挑起就走，一头是米饭，一头是米汤。到了工地上，队长一声令下："吃饭了，都吃饭了！"劳力们连忙放下手中的铁锹、镢头、箩筐和架子车，纷纷跑过来，抓起大瓷碗就往米桶里扣。他们饿极了，狼吞虎咽，不一会儿，几桶米饭和米汤被一扫而光。

半个月后，一条百十米宽的大渠像天堑一样截断了我们上学的去路，从此，我们上学放学只能"翻山越岭"。一场大雨之后，渠内积水严重，我们不得不绕行。每逢这种时候，我们就骂那个下令开渠的公社书记，

45

骂他瞎指挥，劳民伤财，不得好死。如今，这条水渠的南段被推土机推平，盖上了楼房，镇政府新办公大楼和村小学的新校址在这条水渠左右，我们村去街上的那条弯弯曲曲的土路也被三米宽的水泥路取代，村民出行都骑上了电动车，学生上学也近了。

世事沧桑，变化莫测，想不到竹沟今昔两重天。今日的竹沟交通便利，四通八达，街道纵横交错，布局合理。竹沟镇成了中国历史文化名镇，昔日的"小延安"、今日的红色旅游圣地。近几年，特种经济占据竹沟经济的半壁江山，烟叶、中药材、西瓜和山羊育肥唱了竹沟经济的主角。竹沟人的腰包鼓了，小轿车越来越多，出门再也不用步行，坐公交车或开私家车，一日千里。竹沟人不再是土老帽儿，他们登上互联网，足不出户，就可以知天下事，通天下商，购天下物。竹沟人变了，眼界越来越开阔，头脑越来越灵活，致富的门路越来越多。那条人工造的水渠不见了，破旧的房屋不见了，脏乱的街道不见了，而那条日夜流淌、如歌如弦的大沙河依然淙淙南流，入薄山湖，进汝河，并淮河，汇入浩浩荡荡的长江。

长江波澜壮阔，养育了半个中国的人民；竹沟也像长江一样，养育了一批仁人志士和几万竹沟子民。竹沟，在历史的风雨中无言；竹沟，又在历史的长河里喧哗。竹沟，不只是红色的，它还是金色的、白色的、绿色的、多姿多彩的。竹沟，是有希望的，无论过去还是今天，现在乃至将来……

（确山县竹沟镇入选《第四批中国历史文化名镇名村名单》）

46

"小延安"竹沟行

王 剑｜文

确山县城西七十余里处的桐柏山腹地，群山环抱着一个小镇。镇内有一条东西长的街道，银练般的臻水河自北向南绕镇蜿蜒流去。这里，山峦岚烟缥缈，湖水清波涟漪，竹树环舍，民风古朴，宛如一处世外桃源。

这个小镇就是竹沟，因沟沟坡坡、村头河沿长满丰茂的翠竹而得名。历史上，竹沟为汝宁地域关隘之一。它南临桐柏山，北依伏牛山，东与瓦岗毗邻，西与泌阳接壤，是确山通往宛西南阳的要道。革命时期，竹沟是中原抗战的摇篮，被喻为"小延安"。

暮春时节，久慕竹沟之名的河南散文诗界的作家们，带着内心的崇拜，从四面八方如约而来。在奔赴竹沟的路上，我在遐想：竹子是竹沟的象征。山岭之上，溱水河边，一定是万里幽篁，衔接着天与水的距离，摇曳在四季的风中。

然而，在竹沟，我却没有见到一根竹子。北山上的竹子啊，你们去了哪里？

一

杨靖宇，确山竹子中最伟岸的一株。

他是农民的儿子，在风雨如晦的1927年，他才22岁。22岁，在今天还是一个娇弱的年龄，但对于那时的杨靖宇来说，他的骨骼已经在革命的风雨中嘎嘎拔节了。4月，为了配合北伐军进军豫南，在周恩来的关怀指导下，杨靖宇和张家铎等同志带领确山五万多民众，举行了震惊中外的"确山暴动"，建立了河南省第一个县级革命政权——确山县临时

【作者简介】
王剑，河南孟津人。河南作协会员，漯河市作家协会副主席兼秘书长，中学教师。发表作品一百余万字。

47

治安委员会，并在竹沟地区建立了第一个党支部，播下了革命的火种。从此，他像一株韧劲十足的竹笋，开始在中国现代史的扉页上破土疯长。只是这株确山竹笋，那时还不叫杨靖宇，而叫马尚德。

1929年春，杨靖宇去了东北。他从确山带走的除了河南人的敦厚，更有竹子的顽强和蓬勃的生命力。当时的东北，日本关东军有七十余万，而中国的正规军都撤了，杨靖宇的军队只有三千多人，抵抗似乎没有了意义。没有重武器，没有任何援助，然而他却没有后退一步。在中华民族危亡的关头，杨靖宇如一支高擎着的火把，在关东大地的漫漫冬夜里燃放出一簇簇抗日的烽火。他的"抗联"是白山黑水间一颗跳动着的火红的心，给阴霾之下的人们带去了温暖、光明和希望，也让满洲的鬼子为之神经错乱，夜夜恶梦萦绕、寝不安枕。今天看来，杨靖宇的价值更多的是一个民族不屈服的的勇士精神，一种"虽千万人吾往矣"的悲壮情怀。

"三道崴子"，中国乡间一个普通的村名，却因杨靖宇而有了异样的品质。正月十六日下午4时，杨靖宇走出了栖身的密林，想寻找维持一个人最低的热量。此时的

他又饥又寒，伤病缠身，体能的消耗已到极限。不幸碰上了闻讯赶来的日本军队，他知道最后的时刻终于要来了。他一边用两支手枪准确地向从四面八方围上来的对手射击，一边跌跌撞撞地向高地退却。然而连续数日数夜粒米未进的将军，是再没有一口气力摆脱鬣狗一样的敌人了，最后他靠在一棵拧劲大树的后面喘息，与敌人相距不足三十米。攻击开始了，四面都是敌人的子弹，如蝗虫飞舞，杨靖宇身中数弹轰然倒下！35岁，一个年轻而伟大的生命就这样挟着雪粒和风，陨落在遍布衰草和灌木的三道崴子。时间是1940年2月23日下午4时30分。在这个寒冷的正月，杨靖宇用冰与火把自己淬成了一把刀，在历史的额头深深地刻下壮志未酬的遗憾。

杨靖宇将军殉国后，日军铡下了将军的头颅，切下他的胃。日本人想知道，在零下四十多度的寒冬里，这个对手到底是靠什么支撑着，跟他们周旋缠斗了那么久。最终，他们惊呆了，他们吃惊地发现将军的胃袋中，只有尚未消化的树皮、草根、棉絮，一粒粮食都没有。拧劲子树，血染的雪地，盛有树皮、草根、棉絮的胃袋，从此凝成一个个鲜活的历史细节，抓住了我们的心，一代

一代固执地跟着我们，占据着我们情感的重要时段。此刻，面对那一页页发黄的历史，我仍能从将军的遗物中找到确山竹子的纹络、血脉，还有比它更坚韧的民族筋骨！

令人痛心的是，把杨靖宇送上三道崴子绝境的不独有日本人，也有程斌、张秀峰、张奚若、白万仁、王佐华、赵廷喜、孙长春、辛顺礼、迟德顺、李正新这些令人愤恨的民族败类。这些没有灵魂的中国人，无耻地匍匐在异族的利爪之下，而将我们的民族英雄送上了绞架！如果说杨靖宇书写的是一个民族的不屈和希望，那么程斌等人制造的则是民族莫大的伤痛与黑暗。三道崴子是一面镜子，照射着英雄的悲怆和苍凉，也逼视着那些丑陋而猥琐的灵魂。

二

刘少奇，确山竹子中最苍劲的一株。

竹沟纪念馆内，一个大院子，几间平房，青砖青瓦，带着浓郁的山村气息。沿着方砖铺就的小路向西走，就到了刘少奇同志的办公室。室内陈设简陋，一张桌子，两把椅子，一个盆架。里间是一个小卧室，床边有个简单的书架，书桌上摆放着一盏铜油灯，还有一本线装的《列宁全集》。书页已经发黄，磨损得棱角都不分明了。"越过千重水，踏破万重山，胡服同志到竹沟，妙计定中原。"1939年1月，刘少奇同志跋山涉水、日夜兼程来到了竹沟，把自己的根深深地扎在这片红色的土地上。作为中原局书记，刘少奇就在这间简陋的小屋里为开辟中原地区的抗日工作而呕心沥血，日夜操劳。如今，斑驳的墙壁剥落不了往日的记忆，沉静的桌椅还依稀散发着领袖的神韵。站在屋内，我仿佛看到刘少奇同志还在窗前思考中国革命的前途命运，正书写他的《论共产党员修养》的不朽名篇……

与少奇同志一同见证中国革命的是门前的一棵石榴树，这是战争年代刘少奇同志亲手栽种的树。"文革"时期，这棵石榴树

被当作少奇同志的替身连根拔起游街示众。一个老乡冒着生命危险偷偷剪下了树上的一枝，插在了自己的院子里，悉心照看。如今，这棵延续竹沟革命精神的石榴树历经血雨腥风，已长成了参天大树，满树的石榴果诉说着曾经的沧桑岁月。导游说，当年那位舍身护树的老乡名叫张锦明，现今已是91岁高龄。老人保树是出于老百姓的一种朴素感情，就是要留住一个念想、一种精神。是啊，在战争岁月，这些石榴花"自向深冬着艳阳"；在和平年代，这抹抹红色多像温暖的火苗，在人们心中幸福地绽放。

三

竹沟群英，确山竹子中最繁茂的一丛。

竹沟的青山绿水都长眠着烈士的英魂，竹沟的沟沟坡坡都攒动着英雄的身影。彭雪枫金戈铁马、弛骋豫东的英姿，李先念土窑里凝眉静思的面孔，还有王国华、陈少敏、危拱之、周骏鸣、张劲夫、张爱萍、张震、

方毅步履匆匆的身影……在这里，每一个人物都有一段闪光的历史，每一个名字都是一道亮丽的风景。6位党和国家领导人，100名将军，27位未受军衔的军级干部，68位省部级干部，4800名党政军骨干，他们带着确山竹子的品格和精神，走过印满车辙和脚印的青石板路，走过布满金色沙滩和鹅卵石的沙河，从竹沟东进、南下，开赴前线。他们用素衣草鞋和壮硕的根须，在中华大地上走出了一条条红色的线路，走成了华中抗日斗争的一幅气势恢宏的长卷。

"乌云之中见青天，竹沟宛若小延安。一声号令惊天破，千军万马若等闲……"而今，在竹沟，很多人还会唱当年的军歌；在竹沟，很多人会讲革命者的传奇。看来，确山的竹子不会消失，也没有消失。透过血与火的岁月，我依然能清晰地看到你们微笑的脸庞。

（确山县竹沟镇入选《第四批中国历史文化名镇名村名单》）

古荥骑行

江易安 | 文

“古荥”，即是古荥阳城的简称。荥阳，因位于荥泽西岸、广武山之阳而得名。东有鸿沟通淮泗，北依邙山临黄河，南面遥望京索，西过虎牢关接洛阳，地势险要，为南北之绾毂、东西之孔道。

古荥阳城，最早建于战国时期。城垣略呈长方形，至今大部尚存。自古荥镇西北隅南伸至纪公庙村以东，临索须河折向东至古城村又北折百米左右。北城墙东到钓鱼台村拐向南与古城村城墙相接。东墙已被济水泛滥冲没，仅存东北、东南两个拐角。故城南北长约两千米，东西宽约一千五百米，周长约七千余米。残存城墙最高处二十余米，上宽十余米，基宽三十余米。城墙系版筑而成，层次分明，夯窝清晰……

以上，皆是“百度”可查的、关于古荥的最基本的信息。之所以查“百度”，是因为我对古荥有着太多的不了解。虽然，身处郑州的我与它近在咫尺。

网上说，如今的古荥镇在郑州西北五十余里处。其实，真正走一遭，我们就会知道，郑州与古荥真的是近在咫尺，蹬自行车也无须半晌。本该早早地去拜望的。

【作者简介】

江易安，河南舞阳人。现供职于漯河市房管局。文学上擅作虚拟类作品，著有长篇玄幻小说《寻找回来的世界》。另在各大报刊杂志发表各类文学作品近百万字。

一

那些年，孩子尚幼，骑了单车，带了她满世界地逛，几乎把郑州周边逛了个遍。古荥，近在咫尺，自然不在话下。

知道古荥之前，我是只知有荥阳的。即便听人说起，想当然之间，也把它与荥阳混为一谈，只觉它仅是荥阳的别称罢了。

首次留意到古荥，是大学毕业初入社会那几年，租住在都市村庄

里，相邻的一家租客是一家四口。我与那家的儿子年龄相仿，他早年辍学，因父亲是个游医，常能有些进项，倒使得他不至于为生活所迫而每每挣扎在职场的，只是偶尔地打些零工，高兴了多干几天，不快活了直接炒了老板鱿鱼。那是个极为聪惠且健谈得近于油嘴滑舌的人。闲暇之余，不管我愿不愿意听，他总会凑过来，聒噪个不停。

他说他随父亲来郑州讨生活的最初许多年，都是生活在古荥镇上的。

他说起他父亲在古荥镇办了戏校，辍了学的他便在父亲的戏校里学武生。

他说起他在古荥城隍庙的老戏台上排过戏，在古荥的古城墙上喊过嗓子，在纪公庙里凭吊过古人……

说得我对古荥这座古镇终于有了太多亲切的向往。

只是，许多年之后，我早已离开了租住的都市村庄，与那个"聒噪"的兄弟也早已失掉了联系。当我第一次踏进传说中的古荥镇时，身边已经有了五岁多的女儿。

我们是从黄河大堤上下来，准备回城时，拐了个弯，上了大河路，一路向西。路是慢陡的，越往西，离古荥镇越近，路越陡。一路上坡，自行车越骑越慢，最后，索性下了车，推着往前走。

想象中，千年之前，传说中的古荥大概是建在一处高高的山丘之上，站在城垛上，放眼四望，一马平川，沃野千里尽收眼底。每去古荥，路欲走欲高，就像一次朝拜。

真正走近了，近了。终于，我们站在了古荥的街道上。

扑面而来的，不是神垕式的古色古香，亦不是赊店式的大气磅礴，只是极普通的一个，中原地区极寻常见的小城，两层或三层的灰白色的、贴着瓷砖外墙的小楼临街而立，街道上灰扑扑的，兴许是夏日的阳光太过强烈、少有行人，让人恍惚觉得，它是如此的慵懒、不修边幅。

我知道，我需要做的是寻找，耐心地寻找。就像对一段历史往事的追踪，从蛛丝马迹中寻找事情唯一的真相。

二

已经走过了，犹豫了半天，最终折返而回。

不要怪我犹豫，毕竟，只是匆匆的一瞥。那一瞥之间，我仿佛看到在大街右侧的一个院落里，有一座古代建筑；而那个院子竟然还是古荥镇政府。我无法一时之间就把一段千余年的历史旧事同金碧辉煌的政府机关联系到一起。

之所以，最终折返而回，仅仅是不想错过。

它竟然就在那里，矗立了近千年。

据说，它初建于北宋年间。其实，也只是"据说"而已。眼前的它早已不是北宋初建时的它。北宋时期的那个它，甚至就不在这个地方，只因黄河水的泛滥，才不得不迁址改建于此的。

眼前所见的这个它，是明朝所建，虽木料、建筑风格与宋时一脉相承，到底是"年轻"了许多，让那句"矗立了千年"都显得牵强起来。

据说，即便是明朝才迁址重建的它，也经历了诸番大修。"文革"期间，更是差一点损毁殆尽。幸好，那些人还给我们这些后辈留下了这一星半点：一座殿，几通石碑，再无其他。

它，便是古荥镇上的城隍庙。据说，它是郑州市同类建筑中规模最大、保存最完好的古建筑。

它身拥26根十余米高、直径约七十厘米的楠木立柱，飞檐翘角，周身散发出恢宏气势。但失却了厢房、廊庑等"零部件"的陪衬，它显得有些孤单，有些瑟索。

它，俨然就像古荥自身——曾经，它像一个挥斥方遒的巨人、一个叱咤风云的英雄，在历史的风云中举足轻重；而今，历史斑驳的演绎之后，曾经的巨人老去，佝偻了身形，曾经的英雄迟暮，徒看年轻一辈的意气风发……

三

离了城隍庙，继续向前。站在古荥镇中心十字街头，举目四望，太过熟悉的中原城镇模样，让我兴味索然。于是，拐向南行，那是回郑州城区的方向。

古荥汉代冶铁遗址就在笔直南去的314省道的东侧，只是，大门紧锁，不能得见其真颜。

古荥汉代冶铁遗址，全国重点文物保护单位。遗址南北长四百余米，东西宽三百余米，总面积达十多万平米，为河南郡铁官的一号作坊，简称"河一"，是目前世界上发现的规模最大、时间最早的冶铁遗址。

古荥冶铁遗址两座规模较大的炼铁高炉遗迹东西并列，炉缸为椭圆形，面积近九平米，炉壁厚近一米，炉基深约三米。在炉前清理出大小不等的十多块积铁，其中一块重约二十吨。炉前有宽敞的工作面，在冶炼区东部和南部有堆炉渣的坑，炉渣堆积厚六米多。围绕炼炉，还有矿石加工场、高架、鼓风管残片、水井、水池等设施，组成了一个完整的冶炼系统。

古荥汉代冶铁遗址的发现，在中国乃至世界冶金史上占有重要位置。

以上，依旧只是"百度"上查到的相关信息。对于不是专门研究历史的人来说，这些兴许也已足够。就像郑州的商代都城遗址一样，我们的感叹之声，多来自文字，来自你言他说；如果确实要真真切切地去触摸到

一些有说服力的实物，那真的不好意思，因为中原这块古老的大地，承载了太多的历史风云，太过厚重，那些实物被疯狂而来、疯狂而去的铁蹄踏碎，被太过繁密的历史尘沙掩埋……

四

纪公庙尚在，很完整的样子。

古荥镇的南侧，距镇中心三里左右的样子。不期然地，就与它相遇了。

其实，既便是完整的纪公庙也是低调的，低调地掩在一片安静的民居之中，好像是刻意地，与通衢大道保持着一定的距离。一片桐树成林样地在纪公庙的山门外，浓荫密布，有三三两两的老人在浓荫下闲聊。

纪公庙也是大门紧锁。我和女儿站在那些老人和大门紧锁的山门之间，犹犹豫豫，进不得，又不舍就此离去。

一个老人高声喊道："想进去看看吗？这会儿还没上班呢，还得等一会儿。快带孩子到凉阴地儿里去，别傻站那大太阳底下

了……"

我感激，也方才惊觉，时值正午。却原来，这古荥镇上的古迹、景点中午是要下班关门的。

其实，我喜欢这样的景点。安静，不拥挤，可以安心、安静地晃在其中，就像在自家的老院子里。

等看庙门的"管家"的到来，躲在山门前的那片桐树林里，和那几个老人有一搭没一搭地闲聊，闲聊这纪公庙的前世今生。

公元前205年，刘邦率军驻扎荥阳，项羽也统领大军将荥阳城包围得水泄不通。城内粮草眼看就要断绝，但又突围不成。在这危急关头，大将纪信主动提出由自己出城去诳骗楚军，刘邦可以乘机逃跑。刘邦开始执意不肯，在万般无奈情况下方才同意纪信的计谋。

是夜，纪信派两千女子身着戎装、手持兵器，而自己则身着刘邦的衣服，坐着刘邦的车子，出荥阳城东门，声言要向楚王投降。楚军高声欢呼，聚集在东门外观看。而

与此同时，刘邦则率几十匹人马从西城门逃跑。

最终，项羽见是纪信而非刘邦怒不可遏，当即在荥阳城外用烈火将纪信烧死。

刘邦得天下后，仍念念不忘保驾忠臣纪信，在荥阳西门外修了纪信衣冠冢，建纪公庙。

何等惨烈的一段旧事！

纪信庙，今称"纪公庙"，身处古荥镇的纪公庙村，至今保存尚还完好。两千余年的沧桑风雨过去，世人依旧如此崇信着纪公、如此"爱戴"着纪公，倒真不枉了那一场惨烈。

"管家"终于来了。无需门票，随便逛。

偌大的院落里，只有我和女儿。女儿好奇地奔跑，甚至欢呼。我提醒她噤声，提醒她对历史应持有的最基本的尊重。

院落里有享殿一座，还有便是灌木丛生的衣冠冢。物事寥寥，却依然让人觉得肃穆，促人沉静。

五

并没有得见"荥阳故城"遗址，只是回郑的途中，路遇了索须河。

盛夏时节的索须河道里，荒草漫生，满河床的绿，河水只余下窄窄的一道，在拥挤的绿草间顽强向东迤逦而去。

至于那与古荥相关、赫赫有名的鸿沟，更是无处去寻。

因为历史的太过久远，古荥这颗旧时地域上的珍珠，在如今这个四通八达的时代，俨然失去了旧时光泽，甚至碎了一地。那古色古香的地名，便是它的碎片，散落各处，一时之间，让我这样不是十分虔诚的拜访者无处找寻。

我依然回到我的"新城"里，在与它近在咫尺的地方，生龙活虎着我的今天。古荥，在我的近旁，像一位饱经风霜的老人，笑看着我们这些后辈们热火朝天地上演着今朝的激情、明天的历史……

（郑州市古荥镇入选《第四批中国历史文化名镇名村名单》）

白雀园怀想

林 平｜文

白露河，香炉峰。
古城墙，明清街。
大肃反，殉难地。
红军井，纪念碑。

长久以来，这组美丽的自然风景和惨烈的历史事件交织缠绕的画面一直深深地烙在我的脑海中，纠结着，旋转着，愈来愈深，愈来愈紧。很多个清晨和黄昏，我在心里一遍又一遍地念叨着一个诗意的名字——白雀园。我把它写进了我的诗歌，写进了我的小说，我因此而有了一种白雀园情结，期望某一天悄然走进白雀园，走近那个传说中的白鹇鸟翻飞吟唱的白露河畔。

国庆节前夕，我的这个简单而朴素的凤愿终于实现了。

我是在采访光山县电业局群众满意基层站所建设之后前往白雀园的。汽车在洁净的柏油路上一路向南，沙沙地奔驰着，磁带里播放着一个男歌手清亮的歌声，大朵大朵的树荫一路扑打着车窗玻璃，仿佛穿越一条漫长的时空隧道。天空在连阴了几天之后，太阳露

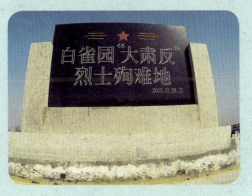

【作者简介】
　　林平，河南信阳人。《新诗三百首》主编。在《人民日报》《光明日报》《诗刊》《中国作家》等一百多家报刊发表各类作品二百多万字。出版散文集《菱角米，葵子仁》、诗集《幸福路上》《我这样爱你》《月亮河》。

出了笑脸；高高低低的原野上，大半稻谷已经收割，稻田中仍散落着星星点点的金黄。随着目的地的越来越近，我的心情也越来越激动，越来越迫切，甚而至于心都在微微颤抖。

青山。碧水。苍松。翠柏。香炉峰上高高矗立的纪念碑。阳光下的白露河畔，妇女在浣洗衣裳，孩子在一旁玩耍。滚水桥上，人来人往，头戴草帽，臂　提筐。骑着自行车，拉着架子车。一切都是那么恬静，那么祥和。很少有人知道，在这恬静和祥和的背后，却有一段不堪回首的惨烈的历史。

白雀园位于大别山北麓，是三县交界处的一座小镇。历史典籍中很难找到这个地名，即便是在近百年的中国分省地图上，也难找到它的位置。它的出名，始于20世纪

30年代初的红军"大肃反"。当时，这里成立了白雀园市，为鄂豫皖革命根据地的重要组成部分，不幸的是，中共中央特派员张国焘来到这里"指导革命"不久，惨烈的"大肃反"就发生了，无数在严酷的战争中幸存下来的红军指战员，却惨死在自己人的屠刀下，血染白露河。

事件的起因要追溯到1931年春。当时，张国焘受王明指派，来到鄂豫皖苏区，欲以"左"倾路线来改造苏区的共产党、苏维埃和红军。张国焘从极端个人主义出发，欲控制军事指挥权，对红四军的军事行动瞎指挥、乱指责，与红四军决定南下军事行动的意见产生了分歧，张国焘恼火红四军不执行命令，"抗拒分局指示"，断定红军中有反革命的怂恿，决心对红四军以肃反来"改

造"。

半年之后，机会来了。1931年9月下旬，红四军全军移驻光山白雀园一带，张国焘立即从新集赶到白雀园，坐镇主持"大肃反"，当时的红四军政治委员陈昌浩、鄂豫皖省委书记沈泽民及其妻张琴秋极力唱和，起到了推波助澜的作用。为了防止红军在肃反中发生异动，各师、各团、各营均以营为单位拆散混编，同时加强了政治保卫局组织，在红军中设立"政治保卫队"，成立临时军事法庭，以充实和强化肃反机构。政治保卫局受张国焘操纵，滥捕滥杀滥用酷刑，捕抓和审查的对象主要为三类人：一是从白军中过来的，不论是起义的、投诚的还是被俘的，不论有无反革命活动，都要审查；二是地主富农家庭出身的，不论表现如何，也

要审查；三是知识分子和青年学生，凡读过几年书的，亦要审查。

只要被政治保卫局盯上了，动辄就会以"莫须有"的罪名被杀害。肃反最狂热时，各师各团在行军中就被逮捕了一百多个嫌疑犯。肃反搞了近三个月，肃掉了两千五百名以上的红军指战员，上至红十二师师长许继慎、红十一师师长周维炯、政委庞永俊、红四军政治部主任王培吾、光山独立师师长罗明高等高级红军将领，下至普通红军战士，致使刚刚振兴的革命武装和根据地蒙受了巨大损失，鄂豫皖根据地在随后的反围剿战斗中接连失利，红四军被迫长征。

白雀园大肃反实际是鄂豫皖苏区创建者与共产国际归来者路线斗争的产物。新中国成立后，时任红四军总指挥的徐向前元帅

59

曾沉痛地说："白雀园'大肃反'，是鄂豫皖根据地历史上最令人痛心的一页。将近三个月的'肃反'，肃掉了2500名以上的红军指战员，十之六七的团以上干部被逮捕、杀害，极大地削弱了红军的战斗力。"在那次"大肃反"中，徐向前的妻子程训宣也未能幸免……多少年来，大别山人一提起"大肃反"，就像说到地狱一样。在红四方面军的战史上和许多史书中，"白雀园肃反"都是

触卧凉心、血淋淋的一页。

往事不堪回首。今次走进白雀园，我是个不速之客，与其说是凭吊，不如说是寻觅——寻觅梦中美丽的风景。

80年后的今天，已寻不到当年那种肃杀之气，一切都淹没在历史的长河中，展现在眼前的，除了祥和，就是宁静。中午的白雀园镇上，少有行人。在白雀园供电所刘书记的陪同下，我们来到香炉峰下，沿着石阶一级一级登上峰顶。在郁郁葱葱的松柏掩映下，萋萋芳草之中，白雀园殉难烈士纪念碑默默地耸立着，历经风雨的侵蚀，碑身渐残，字迹脱落，似乎在向每一位来客诉说一段不能忘却的历史。在纪念碑南侧，一座新的纪念碑已经拔地而起，刘书记说，待新碑落成，旧碑将被拆除，还将建设白雀园殉难烈士纪念园，并打造连接明清街和殉难烈士纪念园两个景点的滨河旅游景观带，带动当地的新农村建设和红色旅游经济发展。

明清街是白雀园镇上一条建于明代和清代的古老的街道，沿白露河西岸南北而行，全长五百余米。据说在大革命时期，镇上只有这一条街道，人口不过两千，红军烈士殉难地和红军井就在其中一条小巷的东面。如今，镇上人口已达三万人，明清街只偏居镇街东隅，毫不起眼。

漫步在明清街的水泥路

面上，看着明清时期的建筑宁静而斑驳，清一色的格扇门、木花格窗、木阁楼，独具江南特色，让人觉得阳光也斑驳起来，空气中盈满千年稻谷的毛茸茸的气味，呈现一种发黄的历史的颜色，寂寥而沧桑。

伫立白露河的滚水桥上，看着流水从南山的重峦叠嶂而来，擦着香炉峰和古城墙的边儿，蜿蜒北去，我的思绪也随着流水漂得很远很远。我仿佛看到，这青草覆盖的河床上，流淌的不止是清亮亮的河水，更是烈士的鲜血，是亲人们的泪水。我的心口恍如压着一块巨石，窒息得厉害，欲哭无泪，欲罢不能。

一路上，刘书记都在向我介绍着白雀园的历史和今天，语气时而沉重，时而轻缓。

这个当过通信兵的老电工是个土生土长的白雀园人，说起白雀园的发展，如数家珍，对白雀园美好的未来充满了信心。他说，八年前，全镇的用电量还不到四百万度，如今则达到一千万度，从这个享有"经济发展的晴雨表"之称的用电量数据上看，白雀园的发展不言而喻。

我不能在白雀园盘桓太久，每个人都有太多的事情要做。离开时，阳光仍在朗朗地照着，河滩上，几只白色鸟在悠闲地翩飞。我在心里默默地说："别了，美丽的白雀园！今夜，我会走进你梦里，低吟一段美得令人心痛的历史……"

（光山县白雀园镇入选《第六批中国历史文化名镇和名村名单》）

61

道口·书院·秋声

王剑冰｜文

【作者简介】
　　王剑冰，河北人。河南省作协副主席，河南省文艺评论家协会副主席，河南省散文学会会长，中外散文诗协会副主席。曾任《散文选刊》副主编、主编。已出版散文集《苍茫》《蓝色的回响》《有缘伴你》《绝版的周庄》《喧嚣中的足迹》《普者黑的灵魂》等，及长篇小说《卡格博雪峰》等多部。

一

　　我的记忆在涨水，我曾来过道口镇。那时候我还很小，我天真地寻找着那个道口。一定是有一个道口的，它在摆渡着来往，引导着方向。

　　可是我没有找到。

　　现在我依然在道口徜徉。有个声音告诉我，欧阳书院就是道口的标志。我看到一扇门无声地开启，一股清风灌了满怀，我的怀里立时温热起来，心里在荡舟。

　　我曾找过的那个历史的道口，就芳香四溢地站在四通八达的地方。

二

　　滑州，你是作为一个音符在那里发出骨感的声响吗？你的卫国的月光里，飘着许穆夫人的裙裾，一曲未经化妆的绝唱，在时光深深的庭院里舞蹈。

　　那个在乎山水之间的人也在乎"庭院深深深几许"，他找到这里的时候，"星月皎洁，明河在天"，一缕秋风正在流浪。他记住了那个朴素的路碑，正如多少年后我们循着那个路碑，毫无偏差地找到你。

三

我试着像欧阳修一样在秋声里沙哑地歌唱，真的，我真的在那种歌唱里越过了灵魂的高峡，在一片清澈而亲切的水上飞奔。

水的四周是辽阔的北中原，中原一派玄黄。一个个经过无数次痛苦和愉悦而繁衍的村庄，把这玄黄连缀起来，就如汉赋、唐诗、宋词的连缀一样，将广袤和丰收连缀起来。一个人从广袤和丰收里站直弯着的腰身，甩出一串汗水，那汗水变成了飒飒秋风。

带着秋香的风吹过大地，大地上一片繁忙。欧阳修来的那天，是否也是这样的景象？我去过欧阳修的家乡，正是"白水芦花吹稻香"的季节。

四

一群学子的声音水一样缭绕在风中，我听到了你们的歌唱，不，不只是我，我身后那个摇摇晃晃的醉翁也听到了你们的歌唱，他激动地抖动着胡须，陷入了沉沉的回忆，似乎感怀那两次短暂的行程，感怀历史的理解和千年中滑州人的感情。欧阳公，六一居士，你始终让心居住在孩童中吗？你的生命里，重叠着那个儿童的节日，我们叫起来是那么亲切。

声音就这么缭绕地流着，我在这流水里偷偷地泡着自己的泪光。我回头看欧阳公，欧阳公的眼睛里映着清澈的天空。

五

欧阳书院已成卫河边的风景，我在这夜晚的风景里久久不能成眠。

秋风拂过大地，我随风扶摇而上，看一个人怎样地对天惆怅，惆怅中又带着怎样的调侃与放浪。你一定流过泪，没有泪水的男

人是不真实的，只是我没有看见。故乡沙溪旁，满头白发的芦花摇出的风，一直吹过卫水，抖乱你的衣衫。

"草木无情，有时飘零。"人生不可能长驻春天，那就在秋天里扎下根，把春天重新孕育。绵州、夷陵、扬州、滁州、滑州，欧阳公，你把坦荡和豪情种植在这些山水的深刻部位，让它们长出思想和灵魂，长出文字和墨香，没有人知道你的痛苦，亦如不知道你的快乐。你看，童子都睡了，你露出了宽怀的笑意。

深秋的风重复着重复着，一直重复到现在。

其实我不该想起这些，我应该想起醉翁亭的快意，想起蝶恋花的清香，可我还是忍不住。我还想起你的直率，你的不屈，你的无愧。就让我这样多想一些吧，想得多了，我就离你越来越近了。

不，我一点都不怀疑你的意志，你只是借助秋风放飞一下自己的思绪，就如你放飞吹落的一根胡须。"人为动物，唯物之灵，百忧感其心，万事劳其形。"逸佞的草在你的跟前，早拂之而色变，《秋声赋》后不知去向。

滑州，让我搬运些秋声走吧，我要把它扎成生命的篱笆。

六

在欧阳中学，我看见那些不老的风，在雨中丝丝落地，长出又一茬嫩苗。风雨之间，千岁欧阳依然"子夜读书"。

欧阳书院，请允许我作为你的一位晚来的学子，让我再坐在那方舢板样的小桌前，用我满腹的激情诵出："初淅沥以萧飒，忽奔腾而砰湃……"

（滑县道口镇入选《第六批中国历史文化名镇名村名单》）

道口守望

叶 灵｜文

一

我对道口充满了愧疚之情。

我一直以为道口不过是一个微不足道的小地方，唯一能让我有点印象的大概就是"道口烧鸡"了。

2011年初春，我因参加省中语会来到了滑县道口，当宽阔辽远的大运河突兀地展现在眼前时，一种巨大的震撼让我久久无语。

其实，道口是一个有着千年厚重文化积淀的古镇，是隋唐大运河卫河段的一个渡口，位于黄河左岸金堤之上。明清时候，道口就已发展成为一个商贸重镇。那时，道口码头上下航运繁忙，商贾云集，日进斗金，素有"小天津"的美誉。而如今，"道口"竟成了当地人对滑县的另一种称呼了。抛开时间给予的美名，其实，道口只不过是一个镇而已。

会议一结束，我就迫不及待向当地人询问关于古运河和老镇子的情况。一位出租车司机告诉我，古运河不过就是以前大运河的一段河槽，河两岸都是一些以前的老房子了，没啥好看的。可是，他越这样说，我心头的造访愿望越是强烈。或许，对于一些旧的古的东西，我的心里总有一种莫名的情结。见我主意已定，那个司机就给了我一张名片，说那边老街深巷的，一个女孩家要是迷了路，就尽管给他打电话好了。我感激地朝他点了点头。

阳光煦暖地照着，我走在道口的街上，随处可见的是一家家烧鸡店铺，离不远处，都能闻到缕缕的香气。街头拐角处是新华书店。进去转转吧，说不定能淘到什么好书。这也是我一惯的嗜好了。

【作者简介】

叶灵，本名郑毅，河南灵宝人。河南作协会员，中国散文学会会员。一个平凡的教师，用善良收获平凡感动，用手指感悟灵动文字，在静默中守望一份安宁，在平淡中收获一份幸福。

　　书店很静，只有几个人。进去，我随意翻起了一本散文集，午后的时光正适合看散文。只是，看了一小篇，我的心绪却怎么也宁静不了。那些未曾谋面的古运河和老房子，总时不时从我的脑海里跳出，它们此时是否也在太阳下安静地晒暖儿？当年隋炀帝为了便于南北纵向政治经济文化的沟通交流，便决定开凿大运河，用水把东西南北连起来。大运河以洛阳为中心，通达了我国黄河、淮河、长江、钱塘江、海河五大水系，把几个大水系变成了一个水系，组成一个巨大的水网，开凿全长两千七百多公里的大运河。从此，中国大地的东西南北可以畅通来往。是大运河，让隋炀帝几乎把整个中国国土真正完整地纳入自己的王权范围，宛如揣在自己的怀里，历史上也第一次真正开创了融会贯通和大统一的局面。那时，运河上，桅樯如林，舟楫如梭，"半天下之财富，悉由此路而进"。而今，这条我国古代南北交通的大动脉，是否还依然在汩汩流淌呢？

　　就在此时，一位年轻的女子走了进来，她胸前挂着一个"滑县研修员"的会牌。见此我心里一喜。这时她正好抬起头，我们目光相遇，她微微笑了笑。我问，您是本地的老师吧。她点了点头，她说她叫琳，然后拿起那个会牌说，你看，不过这上面没写名字的。我们顿时都笑了。简单随意地聊了几句，也许是她得知我是转了两次车行了将近八个小时的路程，并且在此仅留一天的时候，也许是她感觉到了我去看看古运河和老房子的想法如孩子般强烈的时候，她竟然微笑着对我说，我陪你去看看，好吗？这份不经意的真诚，让我的心头为之一震。又是一副热心肠，再幽深的巷道迷人的只有古韵，而不是迷路了。

　　只记得，她的目光，清澈宁静。

二

　　春寒料峭的豫北平原，放眼望去，平整的麦田一望无际，空气里弥漫着温润的泥

土气息，几排笔直的杨树矗立在田间地头，枝条将舒未舒。长居山区的我，就若脱笼之鹄，心头也顿时豁然舒展。

我脚下的古运河此时显得有些萧条，一条地势低洼的河道赫然映入眼帘，宽大的河槽里只有一小绺河水，河槽里另一边是堆积的淤泥，上面种上了麦子。河两岸是两排稀疏的杨树，在阳光下哗啦啦地响着。我的心头一阵失望，眼前的古运河其实不过就是一个瘦水沟，空荡的河槽，滞流的河水，若一个屡瘦的老人，蹒跚着脚步，那空荡的衣襟，在风中被扯来扯去。河的两岸还残留不少石板铺就的台阶，据说就是当年停靠行船的河埠头。水退隐的脚步太快了，运河边的人都跟不上节奏，我更跟不上，这运河还能承载运输吗？大概只能承载着怀想、记忆了。

琳告诉我，最近县委、县政府正在对大运河进行综合保护和开发，让这份厚重的运河遗产真实完整地传承给后人。

沿着大运河的堤岸漫步，望着缓缓流淌的卫河水，遥想千余年前的大运河，这里桅樯林立、千帆竞发，"商船旅往返，船乘不绝"的繁忙景象若在眼前：河埠头，商贾熙熙攘攘，岸边，茶楼酒肆，不计其数；瓷器珠宝，遍布两岸。船夫悠长的号子声，戏社铿锵的大平调，夹杂其中，热闹非常，一派繁荣。

我们向前行走着，一座座灰色砖头修葺的房屋静静地矗立在道路两侧，斑驳的大木门虽经风雨侵蚀却依旧牢固，一条条铺着青石板的胡同蜿蜒在房屋之间，青草和苔藓丛生。一些矮小的旧房在静默着。还有一扇木栅栏的大门两旁，贴着鲜红的对联，增添了一些鲜活。漫步在老街古巷，倾听着琳详细的讲述，我仿佛在翻阅着一本破损的经年古籍，又如观看着一部无声的黑白电影。

从河岸直通向当年的十字大街，其中的一条叫作"水街"。当年当地人饮水都是从卫河汲水，这条街道就是汲水的必经之路了。"水街"，多么富有诗意的一个名字，让人禁不住对当年的情景产生了几分遐想。

每天早晨，这条窄窄的街道上就排满了挑着水桶的人，挑水的担子晃悠晃悠，吱吱呀呀的扁担声，在光滑的青石板上此起彼伏，更有财主家的长工，套了牛车来拉水，长长的吆喝声在小巷和卫河边回响。

在大集街路北，有一处格局欧式化的洋房，具有典型的南方建筑特色，这就是当年的"同和裕"票号，始建于清末，是道口现存为数不多的老字号之一。在水街的尽头，是道口老城十字大街的街口，正对水街的就是道口镇的"义兴张"烧鸡老铺子了。破损的木门上，还挂着一把锈迹斑斑的铁锁，门额上残留着不知何时贴上的年画对联，屋顶上参差不齐的蒿草丛生，偶尔，一两只不知名的鸟雀从蒿草丛间惊飞，窜向了远方。这就是我眼前的"义兴张"烧鸡老铺子了。房子虽然已经破旧，但仍旧气势宏大，它的周围还有几座风格相近的老宅院，与新盖的楼房掺杂交错，历史的凝重和现实的零乱构成了一种穿透时空的奇异风格。

"道口烧鸡香，首推义兴张。"遥想当年，这间"义兴张"在当地应该是首屈一指的烧鸡铺子了。据滑县县志记载："义兴张"道口烧鸡的起源可以追溯到清朝顺治年间。乾隆年间，"义兴张"创始人张炳以煮制烧鸡为生，由于当时制作简单、配料不齐，烧鸡并不出名，生意也不景气。后来，张炳偶遇一位在清宫御膳房当过御厨的老朋友，在御厨的指点下，他精心制作，烧出的烧鸡果然迥乎往常，不仅色鲜、味美、异香扑鼻，而且熟烂离骨。从此，张炳的烧鸡声名大振，生意兴隆，顾客盈门。因他姓张，又取"义友济兴"之意，就把烧鸡铺号定名为"义兴张"。 自此以后，道口烧鸡便一代代地传下来，既传家珍绝技，又传百年老汤。那时没有像现在的方便面之类耐放方便的食品，但道口烧鸡味美耐存，正应了在外旅客的需求。当年来来往往的船只要在河埠头一靠岸，络绎不绝的人流便涌向了这里。客商走过短短的水街，买上一两只烧鸡，然后回船解缆开拔。从此，道口烧鸡通过这些客商的口口相传而名扬天下，成为一个有口皆碑的名牌了。

道口烧鸡因运河而美名远扬，运河又

因道口而生生不息。而今，这里曾经一度繁荣的烧鸡铺子不知何时早已迁居别处了，只有这座老铺子依然矗立在街头，遥望着不远处的古运河从眼前流过。它细数着河中的船只，叹息着，守望着，也希冀着。

这里先有了大运河，而后才有了道口小镇，道口因运河而生，又因运河而旺。大运河开凿后，几十座沿河的繁华城市几乎在一夜之间也诞生了。人口相对集中，人才聚集，各行各业也得到了繁荣发展。人越聚越多，名气也越传越远，终成气候，历史上也就留下了关于它的永久的记忆。如今的洛阳、扬州、北京等城市都极大地受益于当年的隋唐大运河，大运河就是城市的催生婆，且多子多福。

街上人也渐渐多了，离新城也渐渐近了，眼前竟然有两间夹杂在新楼大厦间的老铺子，矮矮的，稍一伸手就能够着屋檐，一侧的屋顶已明显倾斜，看似摇摇欲坠。令人惊讶的是，就是这样的房子，竟然在经营着买卖，铺子内的货架上陈列着日杂商品。此

时，正好有一个年轻人提着一小袋东西刚从里面出来。道口，多少破败的老房子已蒿草丛生，斑驳陆离，它们仿佛经不住岁月的侵蚀，看淡了沉浮，干脆用一把铁锁，从容地锁住往昔的繁华，直至生锈。而这两间小小的商店，比起那些现代化的高楼大厦里的超市来说，算不了什么，它甚至没有自己的名字，然而，它却实实在在地存在于一些人如流水般的日子中。它，仿佛在延续着往昔生活的别样气息，在坚守着什么。

从老街古巷穿过，踩着光滑的青条石板，我仿佛踏在一只只历史的黑白键上，沉入心头的，是一首于平平仄仄中沉郁悠扬的古韵……

琳对我说，她也喜欢这些老街古巷，走在其中，仿佛又回到了很久以前的时光。她又说，政府现在已经挂牌保护这些老房子了，禁止拆迁。我心头不觉一怔，这真是好事啊。

"咱们拐回去，从老街穿过去，一会儿我带你去看县委大院。"她说。我不解，

县委大院高楼大厦，里面尽是官员政要，那里有什么看头？琳笑了笑："看了你就知道了，县委大院还是文物保护单位呢。"我惊诧不已，不觉加快了步伐。

三

一律是青砖的瓦房，木格子装玻璃的老窗，一个个整齐的小院，有序地陈列着。其中，青松林立，竹影婆娑，光线斑驳。再加上不时有小鸟啁啾，更显清幽肃穆。这就是县委大院？若不是进门时我看了门牌的话，还真以为自己进错了地方呢。

"这里真好，我也喜欢这地方。"我随口说道，转而一想，便不觉尴尬地笑了起来。琳也笑道："我明白你的意思。"她接着向我介绍，这些房子都是20世纪50年代的房子，一直保存完好，很少翻修。我点了点头，来到这里，感觉仿佛又回到了小时候。

因为是星期天，县委大院里很安静。我

们也只是悄悄地转着，似乎怕惊扰了谁。想起刚才琳告诉我的那些好事都是在这个地方决策，想起很多政府机关高楼大厦的雄伟至极，再看着眼前座座低矮的砖瓦房，我的敬意不觉油然而生。想来古运河的春天，也为时不远了吧。

不觉天色渐晚，琳邀请我去她家的字画店"六和斋"。名字很雅，也富含意蕴。天地人、情境意，即"六和"，这与道口的整个气韵很吻合。小店内，书香润脾，墨韵盈室。主人热情招待，笑谈之中，仿若多年老友一般亲切。店主人让我欣赏了别具风味的滑县木版年画，真是版上世界、画里乾坤。

听朋友介绍过，滑县木版年画是我国一种历史悠久的年俗艺术。滑县木版年画创始于明朝初年，历史悠久，源远流长。它以神像与族谱为主，与过年时的精神崇拜和祖先祭祀紧密相关，它承载与折射着老百姓的信仰与迷信，承载了归宿性的"精神家园"，

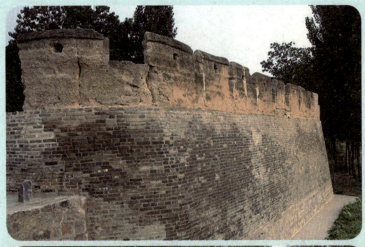

人物造型粗犷豪放，线条刚劲饱满，颜色艳丽，构图对称和谐，富有乡土气息。上面的神像陌生而熟悉，仿佛传递着一份古老而神秘的信息。我知道，每一幅滑县木版年画都代表了当地人早期的一种信仰和崇拜，它承载着人们祈福迎祥、趋吉避凶的期盼。疏朗俊秀的滑县木版年画以其独特的绘画风格，为我们展现了中原大地悠久而厚重的文化历史，更为我们研究中原民风民俗文化打开了一个崭新的窗口。

琳还告诉我，目前在滑县县城，滑县木版年画也就他们一家在制作经营，下边乡镇还有很多经营举步维艰的年画老店。木版年画就是他们的古运河，他们在努力地保护、传承着历史遗留下来的这份厚重文化。冯骥才先生曾惋惜道："滑县木版年画是中州大地上一种失落的文明，一个被历史遗忘的辉煌……"看着墙上镜框里他们与一些专家的合影，听着他们滔滔不绝的介绍，我感受到了滑县人对于木版年画的那份热爱与执着坚守，敬佩之心油然而生。我想，遗忘的总会被时光铭刻，失落的已被人拾起，冯先生应该为此而感到欣慰了。

是的，滑县文化因运河而意蕴厚重。当年大运河的滔滔碧波，源源不断地把中原文化带到了北方，也带到了南方。同时，北方草原的游牧文化和南方的吴楚文化也随着运

是直接而率性的。天津大学冯骥才文学艺术研究院的毛瑞珩老师在《滑县李方屯年画〈全神图〉中的信仰心理研究》一文中这样写道："我们不能简单地把民间信仰一概斥为迷信。深入其内在的信仰心理，就会发现，在貌似盲目的祭拜仪式背后，却隐藏着人类共同的、基本的心理需求。解读他们的信仰方式，也就了解了人与自然最直接的关系。"在那个时代，在那个古朴而浓重的喜庆春节里，这里的人们，家家户户都把年画悬挂在最显眼的位置，把对生活的所有希冀都寄托在这年画上，这是一种多么淳朴而虔诚的向往！

我眼前悬挂着的木版年画，工艺精湛，

河的洪波滔滔而来。滑县人以宽厚的胸怀接纳着，融入着，丰富着民族之间的融合和交流。而今，他们仍然坚持着，在这片意蕴丰厚的土地上殷殷守望着。

夜色渐上，琳与老公邀我一起吃饭。盛情难却，饭桌上，几样家常菜，三碗小米粥，一只特意让我品尝的道口烧鸡。我是个讷言的人，只有把感激之情藏于心头了。烧鸡余味悠长，仿佛就如这千年商贾文化熏陶下的滑县人，热情之余会让人感到融融的春意。这份珍贵，今天我如此幸运地邂逅。

晚饭毕，琳一家又送我回宾馆。滑县的回味，是家常味，是道口烧鸡味，是也不是，当我路见欧阳公的高大塑像时，"八大家"文气也是滑县足足的一味。路过欧阳书院，琳给我指看广场上欧阳修的雕塑。夜色中，透过隐隐的灯光，望着欧阳修的雕像，我无法辨清他的神情。

欧阳书院，是欧阳修任滑州通判时的住所，是全国四大书院之一。书院内建有富丽堂皇的画舫斋和秋声楼。画舫斋是欧阳修的"燕私之居"，为欧阳修所造；秋声楼位于画舫斋之后，因《秋声赋》在这里所作而得名。自宋以来，许多文人墨客慕名而来，并于此凭吊赋诗，立碑铭文，以此来表达对这位先贤的崇拜与怀念。欧阳书院是在欧阳修的画舫斋宅第设立的书院，历代当政者为振兴文教事业曾多次对其进行修葺。

"此秋声也，胡为而来哉？盖夫秋之为状也：其色惨淡，烟霏云敛……"抑扬顿挫的诵读声仿佛透过清冷的夜色传来。此赋作于宋仁宗嘉祐四年（公元1059年）初秋，时作者53岁，已至生命之秋。此前，欧阳修曾写有《与高司谏书》和《朋党论》，直斥谏官高若讷趋炎附势的卑劣行径，反击保守派对范仲淹等革新派人物的诬蔑。但他的政治

运，更是滑县人的幸运。欧阳修在这里不负众望，以画舫斋为依托，精修教化，把自己融入了这片厚重的土地。同时，他又以自己的文化人格与魅力传承着教化的精要，成了滑县人心中的伟人。那座雕塑高高耸立的就是滑县的纯化之心，这些早已沉淀于古运河的底流之中。滑县人只有拥有了如此深厚的底气，才会从容面对南北文化的融合与交流，多一分虚怀接纳，少一分市井俗气。欧阳修虽然走了，但他那悲悯的心怀定会充满着从容的暖意。

暮色中，滑县产业集聚区矗立着座座高楼大厦，街道整齐宽阔，路灯辉煌明亮，使得这个古老的城镇洋溢着一种浓郁的现代化气息。

理想并没有因此得到实现，反而屡遭贬官。欧阳修的一曲"秋声"，既是自然之"秋声"，更是人生之"秋声"，是他饱经忧患的人生感叹与疲惫心灵的倾诉。

然而，画舫斋却给了欧阳修以心灵的栖息。在这里，欧阳修内心渐渐沉静下来，是滔滔的古运河让他顿悟了人生沉浮的无常，或是纯朴精细的木版画让他从中寻得了一些向往与寄托，抑或是道口烧鸡的醇香让他感到了一种久远的温暖与回味……欧阳修被贬于此，我想，这是他的不幸，也是他的幸

想起古运河岸边的那些老房子，我感受着滑县的巨大变化。发展中的滑县，已向人们昭示着一种精神：滑县人不仅善于继承，更勇于接纳的宽厚胸怀，就如大运河一般。滑县县委、政府对大运河展开综合保护和开发，现在，大运河正在申报"世界文化遗产"。我想，那条碧波荡漾的运河之水定会潺潺流淌，滋养着这一方水土一方人，浸润着那不曾湮没、汩汩流淌的文化之脉。

要离开了，回头望望这座并不太繁华的小城，我心中突然有种难以割舍的情结。

仅仅一天的逗留啊，我问自己，让我心中纠结不舍的，是那条沧桑的古运河和那些经年的老房子呢，还是那让人回味无穷的道口烧鸡，抑或是一见如故的琳？我就要别过滑县了，真想再握握琳的手，她说要为我送行，可是我谢绝了她，但此刻我却又格外想见她。滑县——道口的邂逅，就是这样。

滑县，历史中一个寻常的埠口，在千年历史的长流中沉沉浮浮，我想，浮上去是沧桑之中那场场如昙花般的繁华，这些也早已随着古运河而悄然远逝了。眼前，古运河一日日地消瘦了，兴许会在不远的将来彻底干涸断流，但它沉淀下来的，却是运河文化的精髓，厚重运河历史文化的基因早已融入这一方水土的血脉之中，不知不觉间熏陶并守望着这一方土地上过活的人们。忽然，一阵风袭来，在空荡的河槽里窜了一下又溜走了，风走了无痕。而这里，早已孱弱的古运河却依然向前汩汩奔流。行走在运河岸边，我感受着这方土地的一呼一吸，分明又捕捉到那从远方跋涉而来的浓重的水的气息。

如今，暗淡了如烟繁华，远去了点点帆影，这条曾承载民族兴衰的古运河，在无声地守望，等待着涅槃的那一刻。仅仅一天的时间是难以真正读懂这片厚重的土地的，只是，心头的愧疚与不安早已散去，取而代之的则是油然而生的敬佩与欣然。我期待着，有一天再来滑县的时候，定会见到古运河泛着粼粼的碧波，运河两岸，繁华若市，当年的"小天津"又鲜活地向我们走来。"幢幢市人影，似闻嘈嘈声。"桥边埠口，流水汤汤，帆樯林立，星月在树叶间流泻，从小镇鳞次栉比的屋宇间传来了呼唤孩子归家的喊声，悠远绵长……

（滑县道口镇入选《第六批中国历史文化名镇名村名单》）

探 看 冢 头

刘学林｜文

一

　　冢头古镇位于郏县县城东北13公里处，北靠黄阜岗，南对紫云山，蓝河自北而南贯穿全境。慕古镇之名，癸巳年荷月，约诗人高春林、学者刘继增同赴冢头采风。

　　时值盛夏，庄稼茂盛，草木森森，汽车如在绿色的海洋中破浪前行。至冢头镇境内，忽见左前方耸立着一尊高大的古代妇女塑像，塑像后边有一覆斗式大坟，坟头草木葱茏。继增告诉我，这是汉文帝的生母薄姬的塑像，后边的那座大坟便是薄姬墓，也叫"薄太后墓"。古镇"冢头"由此得名。

　　古香古色的西大街是冢头镇的明清商贸一条街。由西端步入西大街，首先要跨越蓝河七孔桥。蓝河七孔桥建于明代中期，历经四百多年，如今依然完好无损，被誉为"中原第一古桥"。七孔桥通体由红石砌成，造型别致，结构奇特。其奇巧和奥秘在于，无论整体或局部结构都离不开一个"七"字：桥身共有七个拱洞，每一个圆拱由七块有雕刻图案的弧形红石组成；桥墩有七块巨石作柱，桥柱之间顺流纵向铺有七块条石；桥面每孔之间横铺七块条石。石柱顶端，雕有和尚头塑像；桥身下面，横向雕有两条栩栩如生的巨龙，龙头朝北，龙尾向南，构成"二龙驮桥"之势。

　　关于这座桥，当地有一个传说：明嘉靖十三年（公元1534年），知县陈王绶携眷属赴郏上任，路经冢头，因蓝河桥低而简陋，两岸坡陡路险，其母在陡坡处从轿内栽了出来。陈母对儿子说："吾儿到任后，首

冢头镇
Otsuka Town

【作者简介】
　　刘学林，河南封丘人。中国作家协会会员，河南省作家协会第三届、第四届常务理事。现任河南省作家协会副主席、秘书长。

当为此地百姓办件善事，修座高桥，平连两岸，方便行人，不可再如我受患。"陈遵母训，速行文省台，将郏县正堂设冢头弥陀庵问事，以便建桥。遂捐俸禄并倡众募捐，随即兴建。陈公功德感天，施工三年河水不涨。待三年竣工，正堂方迁于郏。百姓为纪念陈公功德，在冢头西门外立"建桥碑"和"清官碑"一座，在弥陀庵当年陈公坐堂处立"陈公长生碑"，上刻"讳王绥字玉章松麓"云云，碑文至今保存完好。

二

过了蓝河七孔桥，便进入了西大街的繁华地段。马路两边商铺林立，明清建筑随处可见。路北解保祥学士故宅，建于明万历年间，占地2800平方米，坐北朝南，一门四进四合院。青砖铺路，青石铺门，红石作

阶；二进主房为会客厅，六根立柱支撑整个建筑；镂空雕花格子门，室内有木质雕花屏风，上有"福禄寿"三个梅花篆字。前行数十步是清康熙年间随征都司秦可都的府宅，占地3700平方米，多为砖木结构。一进三间，两间作为商铺；二进是客厅，红石作基，木雕为门，上刻凤凰、麒麟等图案纹饰，精美逼真，寓意吉祥；三进为三层楼房，没有主门，进出由两边厢房通行，为主人卧室。

说起冢头的古建筑，位于东寨门外蓝河北岸的山陕会馆是不能不提的。山陕会馆又叫"大王庙"，是晋、陕商人捐资修建，作为他们聚会、议事、待客的场所。从蓝河北岸拾级而上，便是坐北面南的大王庙的主体

建筑，虽然破旧却气势犹存。庙内有两层古戏楼，戏楼对面各有抱厦过厅三间。此为中心院，东西各有一个跨院。抱厦过厅的后边则是两所建筑宏伟的大殿。戏楼、抱厦、过厅、大殿都是飞檐挑角、雕梁画栋。所有立柱、枋木上都绘有精美的人物花鸟、盘龙麒麟等图案。尤其是两座大殿的东西山墙上的彩绘壁画，有三国人物故事，有民间传说故事，生动传神，内容丰富，可惜因年代久远有的已模糊不清。在一个镇建有山陕会馆，可见当年冢头的商贸之繁荣。残存的《创建大王庙碑记》也记录了这一历史事实："四方商贾恒集斯而贸易之镇……"

三

中国历史文化名镇，大多拥有水旱码头或者位于道路的十字交会之处。从某种意义上说，交通运输的方便与否，是古镇兴衰的一个主要原因。

冢头镇，不但有薄姬墓、石佛寺、十方圆古庙等诸多名胜，而且地处洛阳至许昌、南阳至禹州两条官道的交会之处，蓝河流经全境汇入汝河。由于交通运输之便，明清时期，冢头已成为方圆几百里范围内的商贸中心，以红花庄、皮货店、钱铺为主，各类商铺达五百多家，有"日进斗金"之盛况。

当时的冢头西大街，楼房高耸，铺面栉比，除十几家烟行外，各商号招牌高挑，酒旗招展。这条街上，曾经有陕西大资本家贾茂亭、邵新斋合营的统兴酒馆、油坊，有"泰和祥"等十多家日用杂货店，有"保寿堂"等六家中药铺，另有银匠铺、估衣铺等。十字街路南还有许昌大商号杂货批发处，十字街和蓝河桥头有四家酒楼、八家餐馆、五家茶馆、三家理发店。东大街有戏院一座，北大街有山西商人开设的福庆澡堂。

农历双日子的晨集上更是车水马龙，人如潮涌。最大的交易场所是粮食行和布线行两条街。冢头的兴盛繁荣，让这里成为豫西豫南粮食的集散地。宝丰、鲁山的玉米和各种杂粮，叶县、方城、舞阳、南阳的小麦、芝麻等都运到这里销售，土布、棉线的交易也非常繁忙，不单是货币交易，商贩们还从陕西渭南等产棉区运来棉花，换取土布、棉

线运销外地。日用杂货、家具农具、瓜果蔬菜、鸡鸭禽蛋也各有市场，井然有序。而且，不拘多少货物，大部分摊位都能销售一空，被人们形象地称为"老母猪集"。

冢头镇茶馆业的兴盛，则得益于明末清初开辟的"万里茶道"。万里茶道南起福建武夷山，北到俄罗斯恰克图，总长五千多公里，是与"丝绸之路"齐名的一条重要国际贸易通道。清朝初年，山西大茶商常万达首先在南阳赊店设立了"大德玉""大泉玉""大升玉"商号分号，赊店成为万里茶道上的一个中转站。从赊店经郏县冢头镇至禹州北上，是万里茶道辐射出来的一条支道。冢头镇位于赊店与禹州之间，相当于茶商们食宿歇脚的一个驿站，冢头镇的茶馆业便由此兴盛起来。

遥想当年，清澈的蓝河水淙淙流淌，蓝河两岸杨柳如烟，清醇的茶香在河畔弥漫；夜幕降临，蓝河桥头，灯火伴着星光，各种名吃的叫卖声此起彼伏，茶馆的迎来送往声不绝于耳，该是一幅多么迷人的风俗画卷！

四

岁月就像蓝河流水，冢头已不再是昔日的冢头，但一些传统文化还是顽强地生存了下来。比如在饮食文化方面，有曹石头烩馍、张长安老字号饸饹店、赵建中羊肉馆、赵大海烧鸡、杨家油酥芝麻烧饼等。流传下来的，还有历史悠久的茶文化。如今的冢头，竟然还有二十多家茶馆，尽管茶馆条件简陋，茶具粗糙，有的甚至就开在自家的院子里，但那却是传统文化风味浓郁的地方。老人们来到茶馆，一坐就是几个小时甚至一天。茶馆成了人们休闲娱乐修身养性的理想场所，被誉为"茶文化的活化石"。

源远流长的还有"孝"文化。也许由于薄姬墓的缘故，在冢头还流传着不少汉文帝尽孝薄后的传说。位列"二十四孝"之二的"亲尝汤药"讲的就是汉文帝孝敬母亲薄后的故事。在冢头龙湖社区，立有"文帝孝母"的雕像，成立了慈孝协会，举办慈孝讲座，建立80岁老人生日台账，举办"孝行天下——感恩父母洗脚节"。民间文艺也在演变中长盛不衰，如今的冢头，自发的民间文艺家协会竟然有八千多名会员，波及邻乡邻县，这在全国恐怕也是绝无仅有的。

冢头镇政府制订了宏伟蓝图，要把冢头建成"富裕冢头""宜居冢头""和谐冢头"。冢头，前景不错。

（郏县冢头镇入选《第五批中国历史文化名镇名村名单》）

洧　川

朱　锋｜文

　　"洧川"，是个很厚重的地名，因处于洧水下游的一片平川地带而得名。

　　洧川之灵气得益于身边的河。虽说双洎河、杜公河、黎明河三河围城而过，但最让洧川扬名的还是双洎河的前身古洧水。稍有文史知识的人谁不知道《诗经》！西周至春秋，肥沃的洧水两岸人丁兴旺，文化发达，最美的诗歌在洧水流域诞生了。彼时是佳作迭出，有《郑风·溱洧》为证：

> 溱与洧，方涣涣兮。
> 士与女，方秉蕑兮。
> 女曰："观乎？"
> 士曰："既且。"
> "且往观乎！"
> 洧之外，洵訏且乐。
> 维士与女，
> 伊其相谑，赠之以芍药。
>
> 溱与洧，浏其清矣。
> 士与女，殷其盈矣。
> 女曰："观乎？"
> 士曰："既且。"
> "且往观乎！"

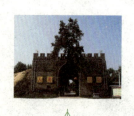

【作者简介】
　　朱锋，开封教育学院副教授，开封日报社优秀通讯员。出版有个人散文集《人生何处不缘情》。

洧之外，洵訏且乐。

维士与女，

伊其相谑，赠之以芍药。

　　无数文人雅士至今仍沉浸在洧水边浪漫的氛围里：溱洧河边的男男女女相聚在春光明媚的河岸上，为情而聚，为爱而欢，唱着撩人的恋歌，互相挑逗取悦，直率大胆地自由表达爱情……仿佛古代的情人节，何乐及此？

　　远古的爱情写在了书上，厚重的历史积淀留在了洧川。

　　此地历史上设立过洧州、洧川县，兴兴衰衰，但不知为何，它总爱处在"三不管"地带，由来已久。战国时分属郑、韩、魏三国，现在是尉氏、长葛、新郑三县接壤，同时又是开封、郑州、许昌三市交界之处。

　　洧川寻古，一定要去看看南门。洧川

城墙为明代宗景泰元年（公元1450年）所筑，开五门。明清之际曾12次复修扩建，城楼、女墙、楼垛、蹬道均用砖砌，整齐坚固，高大宏伟，曾有"八保洧川，固若金汤"之称。因屡遭兵火，城毁门倾，仅有南门幸存。南门东西宽7米，进深13.5米，高10米，内外壁均系大砖砌成，底部青石铺基，顶部为半圆形拱券门，建筑古朴，雄浑壮观。这座城门之所以得以保留，很可能托福于顶端的一棵奇特的古柏树。南城门通道顶端的正中央，从墙缝里长出一棵柏树，至今已是五百余岁的高龄，枝繁叶茂，犹如一只金凤凰立在城楼之上，俯瞰全城，堪称奇景，与已毁的北门城楼顶的榆树遥相呼应，"洧川南门到北门，百（柏）里有余（榆）"的典故也就诞生了……

　　除了南门，如今洧川城尚能见到的历

史遗存有城隍庙古建筑群，城北有春秋时期韩国鸿台宫故址（已整修），城西有唐代魏征庙，史料记载的洧阳书院、培风书院、奎文书院已寻不见。至于历史上在此地出生、此地生活或在此地长眠着的名臣司马懿、魏征、吕蒙正，诗人阮籍、阮咸，大书法家钟繇，状元刘理顺，大都能从人们眼前或口中寻到由头。当代的洧川名人，如著名画家石泊夫、"梅花王"王成喜，著名豫剧表演艺术家唐喜成、牛得草等，更是为人们津津乐道。大凡地灵人杰，洧川也不例外。

说说吃吧！据说，刘邦统一天下后，经济复苏，百姓安居。其孙刘安落户洧川，他聪明伶俐，深得刘邦喜爱，被刘邦封为"淮南王"后，为感谢封赏，招揽天下方士，聚于本地炼丹，献给刘邦以求长生不老。一次，一方士用黄豆研磨后加入卤水炼起丹来。谁知灵丹妙药没炼出来，却奇迹般地将白嫩细腻的豆腐给"炼"了出来。不知道靠

不靠谱儿，但洧川豆腐绵软、鲜嫩、麻绳能提、秤钩挂着能称、筋道到家，做出来的羊肉烩豆腐远近有名。还有洧川锅盔，上下18层，正面松软可口，背面黄焦酥脆。到了此地，不吃当地特产洧川锅盔和羊肉烩豆腐，后悔一辈子啊！

（尉氏县洧川镇入选《第六批中国历史文化名镇名村名单》）

汜水怀古

袁 丁｜文

　　汜水镇，河南省荥阳市辖镇，古称"雄镇"。汜水古城始建于汉代。汉高帝六年（公元前201年），刘邦封功臣，为巩固东方门户，诏令修筑汜水城。汜水城与虎牢城相距仅一公里，两城因相隔不远，共用一关。此关一夫当关万夫莫开，名为"虎牢关"，又称"汜水关"。

　　只是如今再走进汜水镇，已再难见到太过久远的古建筑了，好在，明清时期的民居倒还有不少。比如，镇上有一处张氏居所，始建于清道光十八年（公元1838年），居所有前廊，筒瓦覆顶，房上有吻兽，檐下墀头刻有"福""寿"及精美砖雕，廊下有枋，明间为木格扇门，东、西两侧各有一木格扇窗，前出廊宽1.4米，四根木廊柱，柱径0.2米，柱间距3.1米，前有青砖台阶。

　　在汜水，与此民居年代相仿的还有北门沟马氏旧宅、东关王德怀旧宅、汜水街李氏旧宅、汜水朱氏民居等。还有唯一一座民国时期的四合院，保存得比较完整。其建筑特点与清朝比较相似。这些宅子都传承了清朝时期的建筑特色，为研究当时的建筑文化提供了实物材料。

　　汜水城原址就在如今的汜水镇周围，护城堤东起汜水城东门，然后向南，折向西，再折向北至北门沟村外，最后拐向东至山体。城墙西侧分为四段，最高5米，宽2米至4米，夯层厚0.2米，城墙的西侧和北段部分已被村民建窑头毁掉。汜水城在明、清、民国时期一直作为汜水县的治所，不但在历史上有着一定的地位，也为研究我国历史建筑提供了实物保障。

　　数千年来，汜水河边的汜水镇经历了潮起潮落。从汜水城的民居来看，曾经的汜水城繁荣且战略位置重要，虽然现在只剩下残垣断壁，甚

【作者简介】
　　袁丁，河北人。现供职于河南郑州某机械公司。

至很多被风沙所掩埋，但它的文化价值不可小觑。

　　除汜水古城外，历史还在这里留下了其他的文化"足迹"，如镇北侧岭上有北门沟西嘴遗址，在西嘴遗址被发现时，三角形大坑内填土为黑灰土，土质松软，包含物丰富，有红烧土块、兽骨和较多的陶片。陶片分泥质陶和夹砂陶，以灰陶为主，其他的还有红陶。纹饰有方格纹、蓝纹、绳纹及素面。据专家分析，这些应为仰韶、龙山时期的文化遗存，具有很高的考古价值。远眺被掩埋的汜水城、西嘴遗址，虽然现在部分古建筑和遗址已经遭到不同程度的毁坏，但汜水的历史文化依然闪烁着耀眼的光芒。

　　再比如，就是那个天下闻名的虎牢关。

　　国人初知虎牢关，大都源于耳熟能详的《三国演义》中"虎牢关三英战吕布"的故事。三英在此战吕布，纯系子虚乌有，载史翔实的《三国志》对此事却只字未提，真若有如此轰轰烈烈的一场争杀，想来陈寿也该不敢等闲视之，不浓墨重彩，也得轻描淡写

有所交代。虽为一杜撰的故事，却使虎牢关的声名远播，乃至妇孺皆知，实在是罗贯中的功劳。

　　虎牢关坐落在今汜水镇西的虎牢关村，与汜水镇仅一水之隔。虎牢关得名的渊源可远溯至西周，《水经注·河水》载，周穆王姬满"射鸟猎兽于郑圃，命虞人掠林，有虎在于葭中，天子将至，七萃之士高奔戎生捕虎而献之天子，命之为柙，畜之东虢，是曰虎牢矣。然则虎牢之名，自此始也。秦以为关，汉乃县之。"故此关因地而得名为"虎牢关"。在周穆王"柙虎"于此之前，汜水是周武王之弟虢仲的封地，史称"东虢"。

　　随着历史的发展、朝代的更迭，自秦至清，历代均在汜水设关。秦为虎牢关，东汉建武元年（公元25年）置成皋关，东汉灵帝中平元年（公元184年）设旋门关，魏、晋为黄马关，隋设金堤关。东晋太宁三年（公元325年）赵主石虎讳虎为武，唐代避高祖李渊祖父讳，亦改"虎"为"武"，称虎牢关为"武牢关"。北宋大中祥符四年（公元1011

年），真宗以虎牢关为"玉关之枢会""鼎邑之要冲"，诏改为"行庆关"。明洪武四年（公元1371年）改虎牢关为"古崤关"。明晚期至清复为"虎牢关"。此关位于汜水镇之西。据有关考证，"成皋关""旋门关"亦为虎牢关之别称。同时，文学作品中出现最多的汜水关，在《辞海》中"汜水关"条目也解释为"汜水关故址在荥阳汜水镇，本虎牢关"。

2011年元旦，我和几个朋友结伴而行，特意去拜访了虎牢关。

去虎牢关，还是比较方便的。连霍高速荥阳段有景区的牌子，虎牢关所在的汜水镇，下高速一侧拐就到了。可能是这个路口不显眼，或者说没有太明显的标志。但一旦进入了汜水镇方向，从两边不断起伏的小山岭就知道了，一个关隘的地理态势慢慢地展现出来了："虎牢关南连嵩岳，北濒黄河，山岭交错，自成天险。"

节日里的汜水镇人来人往，显得很热闹。车子过了小镇，越过一条小河，便来

到了一小片开阔地。我想虎牢关应该到了，于是大家开始四处寻找。不远处发现有一个庙宇式的建筑，我们近前一看，谓之"三义庙"，在距此百米左右的地方矗立有一块石碑，上书"虎牢关"三个大字，原来这里就是赫赫有名的虎牢关了！

太简单了，简单得几乎什么都没有。怪不得刚才问当地群众，鲜有人知道，这个著名的关隘，难道已经被世人抛弃了？三义庙山门口一位上了年纪的老汉告诉我们说，这里原来是有城墙的，解放后，被政府铲平了，原来的石碑、石柱，都被拿去修桥铺路了。听闻此言，一时间我们不禁哑然失语。在现场，我们还看到一张规划效果图，这里要建一个更大规模的三义庙。现在的老三义庙里塑着关羽的金身，左边关平，右边周仓。据老汉讲，关羽是武财神，每逢大节小节，就有人来这里祭拜，以求得生意兴隆、财源滚滚。

其实，眼前的这一切原本就该是在意料之中的吧。世事变迁，随着近代战争武器

的进步，火枪巨炮取代了大刀长矛，高墙雄关也失去了昔日军事防御的功用。这座影响了中国两千多年战争历史进程的虎牢雄关，随着历史的推移，也渐渐淡出了战争史的舞台。如今，虎牢关前横贯东西的现代化的公路、铁路，更使"地喉"变通途。

历经百年寂寞，虎牢关前已"暗淡了刀光剑影，远去了鼓角争鸣"。站在虎牢关旧址前，临风怀古：东眺汜水，西观高崖，虽无法追忆古关的风姿，仍能依稀感到它昔日的雄险和威严。观其独特的地势，遥想当年"萦河带阜，绝岸峻周，高四十丈许，城张翕险，崎而不平"，山岭夹峙，雄关当道，"出必由户，入皆同轨"，可谓是"一夫当关，万夫莫开"之险。

眼前，虽然真实的虎牢关已是城去楼

空，只留下一个祥和安逸的、名叫"虎牢关"的小村庄。但由三国故事演绎而来的与刘、关、张和吕布紧密联系的吕布城、跑马台、点将台、梳妆台、三义庙、绊马索，在这小小的虎牢关村里的名气却远大于虎牢关。看着这一切，让人颇有"三人成虎"的感触。细究起来，如今，在我们的身边没有几个人没读过《三国演义》，也没有几个人不知道三英在虎牢关大战吕布的故事，但又有多少人知道陈寿、拜读过《三国志》呢？自古以来就有正史与野史之说，正史是为证史之用，野史是为百姓娱乐之用。千百年来，野史经过口头传承和加工，在百姓的心中自然替代了正史，也就众口铄金了吧。况且，从这个小村庄传扬出的那些三国故事承载着中国人几千年崇尚的"忠义勇"，而真实的虎牢关留给人们的却是血雨腥风的记忆，人们也自然更愿意回忆起那些即便是虚无缥缈但却充满着美好愿望的故事了，这大概也如时下影视里风行怀古、戏说的缘由一样吧！

感慨之余，我忽然想起薛瑄《汜水怀古》的诗句，这应是所有来到汜水、来到虎牢关怀古的人们的感触的真实写照吧——

陵谷高低控虎牢，
战声消息水滔滔。
旌旗满眼无遗迹，
壁垒连去只旧壕。
广武西原通巩洛，
万山南面接嵩高。
悠悠往事皆如此，
怀古登临何太劳。

（荥阳市汜水镇入选《河南省第六批历史文化名镇名村名单》）

怀古函谷关

丁俊秋｜文

清晨，我们带着汤河温泉的雨露，沿着奔流不息的老鹳河，踏上了西去的征程。

一条山间的公路，将我们带出了卢氏，带进了"黄河金三角上的明珠"——灵宝；这是河南最西部的一个地区，它北依黄河，与晋的芮城、平陆隔河相望；西靠秦岭，与秦的洛南、潼关唇齿相依。

灵宝是河南最西部的地区，但这里完全没有人们想象中的西部的贫困、西部的苍凉；恰恰相反，灵宝是河南最富有的地区之一。

灵宝是驰名全国的"黄金之城""硫铁王国"，现已探明的矿藏达38种之多，尤以金、银、铜、铅、硫铁、大理石、花岗岩、石墨储量丰富；黄金年产二十余万两，连年稳居全国县级第二位，是国家确定的黄金生产基地。灵宝是国家确定的优质苹果生产基地和外销基地，栽培面积就高达50万亩，年产量5.5亿公斤；在全国性的鉴评中，"红富士""新红星"等十多个品种多次夺魁，每年给灵宝带来的就是几十个亿的收入。

有灵宝人吹牛说："河南十个千万富翁中，有一个一定是在灵宝。"此话虽有些狂妄，却并非空穴来风，起码，灵宝人的富有，是公认的。

灵宝是一个历史悠久、文化灿烂的地区；这里有地上地下众多的文物和流传万方的神话传说：女娲炼五彩石以补苍天；夸父逐日弃杖化为桃林一片；人文始祖轩辕黄帝在荆山采铜铸鼎，乘龙仙逝；真武大帝在名山亚武修炼成仙；老子李耳著《道德经》于函谷雄关……

山河钟灵秀，历代有人才。灵宝历史上英才辈出，夏朝直臣关龙

【作者简介】
　　丁俊秋，河南卢氏人。自由生活，畅意写作。目前游历于成都。

逢，东汉廉直太尉杨震，西晋抗吴名将王俊，诗坛奇才宋之问，绝代佳人杨贵妃等，都载入了中国史册。

我们前进的方向，一直向北、向北，直到涧河岸边的千古雄关——函谷关！

函谷关是我国历史上建置最早的雄关要塞之一，因关在谷中，深险如函，故称"函谷关"。

这里曾是战马嘶鸣的古战场，素有"一夫当关，万夫莫克"之称。著名的"出谷会师""六国伐秦""虢公败戎""西原大战"的战鼓在这里擂响。

这里流传着脍炙人口的历史典故，"紫气东来""鸡鸣狗盗""公孙白马"等等，使这里弥漫着神奇的色彩。

这里又是我国古代思想家、哲学家老子著述五千言《道德经》的地方。"道家之源"的光环，使她成为千百年来，众多海内外道家道教人士朝圣祭祖的圣地。

大气磅礴、蔚为壮观的函谷关楼矗立在我们面前眼前！

这是1992年依据四川成都青羊山出土的汉像砖上的古函谷关楼的形象重新修建的关楼。双门双楼悬山顶式的三层建筑巍峨壮观，楼顶飞椽上的两只丹凤，给霸气十足的雄关添上了一点妩媚，"丹凤楼"因它们而名不虚传。

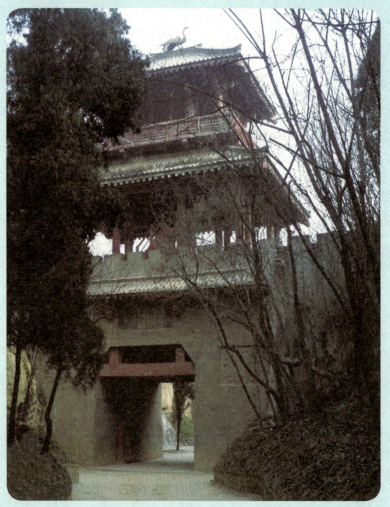

关楼遗址在新建的关楼东约二十米处，古关楼在楚汉战争中，被攻克它的项羽所焚，永远淹没于战祸之中，只剩下关楼右侧城墙下一个井窖穴式的箭库、成堆锈蚀的箭簇，静静地躺在这不起眼儿的土窖里，向人们诉说着当年，诉说着发生在这里的一场场血战！

古函谷关因关在谷中、深险如函而得名。据《考古通论》记载：函谷关始建于周初。与它相比，号称"天下第一关"的山海关要"晚生"好几

个世纪。函谷关"西据高原，东临绝涧，南接秦岭，北塞黄河"，东西数百里"马不并辔，车不方轨""一夫当关，万夫莫开"，当地曾流传"铁函关、土潼关，一马平川取长安"的说法。函谷关扼守两京咽喉，历来是逐鹿中原或进取关中的兵家必争之地。

关楼西去，一条羊肠小道蜿蜒穿过峡谷，这里就是历史上著名的崤函古道，是古时通往洛阳、长安的必经之路，而眼前的函谷关古道是崤函古道中最为险要的一段。

漫步古道，只见谷深漫长，壁陡峭险，松柏蔽日，幽邃莫测；依稀之间，我似乎看到，几千年来，关里关外的枭雄们，驾御着战车，从这里东进西出，演绎了一场又一场惊心动魄的战争：

东周惠王十九年（公元前658年），晋献公贿赂居住在骊山一带的犬戎从西边攻击虢国，犬戎兵至桑田（今函谷关镇稠桑村），虢公率领伏兵从函谷古道两侧杀出，居高临下，犬戎大败而逃。

秦始皇六年（公元前241年），楚、赵、魏、韩、卫五国合纵攻打秦国，楚为纵约长。联军攻到函谷关，秦依函谷天险，开关迎敌，五国军队，大败而还。

秦始皇八年（公元前239年），赵将庞暖组织赵、燕、楚、韩、魏五国第五次合纵攻秦，庞暖考察到函谷关险要难攻，联军数次受挫，改由蒲坂渡黄河，直取关中。足见函谷关已使关东诸国望而生畏。

秦二世三年（公元前207年），刘邦率

部西进，欲灭秦。刘邦深知函谷天险难于突破，在洛阳东作战不利的情况下，避开函谷，出轩辕关，绕道商洛，由武关攻入关中，终灭秦。刘邦遂派兵守函谷关以拒项羽，两军大战，项羽终破关入驻鸿门。

唐天宝十五年（公元756年），安禄山起兵叛唐后，多次从函谷关进攻潼关，被唐军统帅哥舒翰击退。唐玄宗听信杨国忠谗言，迫使哥舒翰放弃守关拒敌计划，率兵出战。哥舒翰与安禄山军崔乾佑会战于函谷关西原，安军伏兵纵火焚烧唐军，并以精骑自南山迂回出击，唐军大败，20万人只有8000人脱逃，主帅舒翰被迫投降，潼关、长安相继失守。杜甫在《潼关吏》中对这段历史悲剧发出慨叹："哀哉桃林战，百万化为鱼。"

"暗淡了刀光剑影，远去了鼓角铮鸣"，那衰草迷离的古道，那曙光初照下的雄关，给我们留下几多的记忆、几多的怀念、和几多的感慨……

我们来到关楼前空旷的广场，在广场的中央，有一尊老子骑青牛过函谷关的石像。只见牛背上的老子手托经书，目光深邃地遥望着前面的黄河，似乎从那奔流不息的波涛中参悟着人生的哲理；神态超凡而又脱俗，飘逸着他那惊人的智慧。

循着悠扬的钟声一路寻去，香烟缭绕中，一片古柏掩映的宫殿式建筑映入眼帘，这里就是纪念老子的"道家之源"——函谷大道院和当年老子著经的地方——太初宫。

老子姓李，名耳，字聃，号伯阳，周朝时曾任"守藏室之吏"，相当于现在图书馆长一类的官职。他潜心研究典籍，逐渐形成了在中国独树一帜的哲学体系。老子的思想博大精深，他纵说天地玄机，智论人生哲理，尽占治国权谋。由于不忍目睹周朝日渐衰微，便径自离开洛阳，西出函谷，应关令

尹喜之邀，在此著下《道德经》。经文后来被道教奉为经典，老子本人也被尊为鼻祖。千百年来，海内外道教人士慕名前来太初宫祭祀，函谷关也因此成为道教信徒寻迹朝觐的圣地。

太初宫门前，八角飞掾的阴阳八卦亭，诠释着太极、阴阳、四象、五行、八卦等古代哲学深奥的道理；过道两边，横排着展开的书本式的石雕，上面精选了老子《道德经》中的语录，让人品味着老子思想的深奥和魅力。

太初宫的西边，奉有当年老子伏案著《道德经》的一块石头，被后人尊为"灵石"。此石被白石英线切割为九层，流传有"灵石高就"的象征。传说恋人摸了爱情长久，青年人摸了事业有成，老年人摸了健康长寿。游人至此，每每双手抚石，大抵是想沾沾灵气，祈求福来运好。从这里登上一座小山，是历代名人留下的碑林、当初的关令尹喜翘望"紫气东来"的瞻紫阁和孟尝君过函谷关留下的鸡鸣台。

鸡鸣台上翘首北望，极目处的黄河，如一条金练，缠绕着函谷雄关的楼顶飞檐；青牛背上的老子，似乎在踏沙远去；一个战争表征的雄关险隘、一个清净无为的道家之祖，正如那阴阳交合、此消彼长的太极图案，恰如其分地诠释着哲学与战争的双重主题……

带着沉沉的怀古思绪，节选金人辛愿的一首《函关》，顺风诵去：

双峰高耸大河旁，
自古函关一战场。
紫气久无传道叟，
黄尘哪有弃襦郎。
烟迷轻草秋还绿，
露泡寒花晚更香。
共说河山雄无二，
不堪屈指算兴亡。

（灵宝市函谷关镇入选《河南省第五批历史文化名镇名村名单》）

函谷关遐思

侯发山｜文

【作者简介】

侯发山，河南巩义人。发表各类文学作品上千篇，有二百余篇被《小说选刊》《读者》等刊物转载。有作品被译介到海外。著有小说集十七部。曾获吴承恩文学艺术奖、冰心儿童图书奖、全国微型小说年度评选一等奖等奖项。

函谷关在今河南灵宝市境内，始建于周初，是我国建置最早的雄关要塞。若单从建关时间来说，堪称"天下第一关"。关于关名的来历，《辞海》中说："因关在谷中，深险如函而得名。东自崤山，西至潼津，通名函谷，号称天险。"函，是指盛物的匣子或套子，形容幽深、封闭。从字面上看，关的险峻程度可想而知。函关古道全长15华里，是古代洛阳到长安的必经之路，易守难攻，被喻为"一夫当关，万夫莫开"，还有人用"一泥丸而东封函谷"来形容它的战略地位。古代就有人说：谁拥有了函谷关，谁就拥有了战争的主动权。在楚汉争关之时，函谷关被西楚霸王项羽手下的大将黥布一把火给烧了，后来虽经多次修复，却又多次毁于战火。现在的关楼，是根据成都青羊山出土的汉画像砖于1992年重新修建的。站在关楼上，回首西看，古道两边的土山经过两千多年的风雨侵蚀，已经不见其险峻，函谷关雄伟的气势难以显现。跟我同去的朋友遗憾之余，开玩笑地说，若是再发生战争，这个关就无足轻重，甚至不堪一击了。

朋友的话让我浮想联翩。古往今来，函谷关一直是连通秦豫的必经之地，很多名人墨客在此留下了逸闻传说，演绎出不少历史故事和成语典故。据史书记载，当年函谷关关令尹喜擅观天象，精通易经。一天，尹喜登上一个土台，发现东方有一团紫气升起，知道有圣人要从函谷关经过，于是沐浴更衣，静静等候。不久，果然有一位皓首长髯的老者，骑着青牛，从东方徐徐而来。他就是周朝的柱下史老子（姓李名耳，又名老聃），因见周室衰微，朝政废弛，便决定经函谷关到西域隐居。尹喜盛情款待了老子，恳请其著书立说，老子很高兴地接受了尹喜的挽留，著就了彪炳后世的五千余言的《道德经》。"紫气东来"的成语就源于此。此外，还有"鸡鸣狗盗""公孙白马""终军弃繻""玄元灵符""仙丹救民"等历史传说和故事。

自春秋战国以来的两千多年中，函谷关历经了七雄争霸、楚汉相争，黄巢、李自成农民起义，以及辛亥革命、抗日战争、解放战争的狼烟烽火，无论是逐鹿中原，抑或进取关中，函谷关历来都是兵家必争的战略要地，其间曾有16次大战役在这里发生，不少战役可以说影响了中国历史的进程。如"楚汉争关"：公元前206年，项羽、刘邦约定，先入关者为王。刘邦选择秦国兵力较弱的线路进攻，从陕西的商洛经武关提前进入关中。而项羽自恃兵力强大，一路走大道，等他攻打到函谷关时，听说刘邦已入关中，大怒，命大将黥布强行攻关，并把关楼烧毁，上演了千古绝唱"鸿门宴"。即便在抗日战争时期，函谷关也发挥过重大作用。1944年4月，日本侵略军发动了"河南会战"，短短二十余天时间，就由洛阳攻到灵宝县城，中国军队据守函谷关，毙伤日军包括联队长、团长两千余人。少数日军窜至阌乡随即撤出，终未能西进一步。此外，还有"虢公败戎""割城求和""六国伐秦""赤眉军攻关""西原大战"等战役。

来到函谷关，虽然时过境迁、物是人非，但是，学习或重温一下历史，不也是一份收获吗？更何况，这里是我国古代伟大的思想家、哲学家老子著述道家学派开山巨著《道德经》的灵谷圣地，是道家文化的发祥地，有"道家之源"之称。《道德经》言简意赅，博大精深，内容极为丰富。在这五千余言中，老子以其渊博的知识和独特的视角，从天文到地理，从自然到人文，进行了天才式的猜测和生动的描述，他提出的"道""自然""无为"等著名的概念，即为君王治理天下提供了指南，又为百姓文化传承指明了方向。换言之，老子的思想是中国哲学的基石。"道大，天大；地大，人亦大"，"人法地，地法天，天法道，道法自然"，"师之所处，荆棘生焉。大军之后，必有凶年"，"天道无亲，常与善人"，"善为士者，不武；善战者，不怒；善胜敌者，不与；善用人者，为之下"，"千里之行，始于足下"，"祸兮，福之所倚；福兮，祸之所伏"，"知足不辱，知止不殆，可以长久"……在这里，我们还可以祭拜老子，心灵受到一次老子伟大思想的洗礼。

看到古道上面凌空飞架的公路，联想到当今太平盛世、国泰民安，心里一下子就释然了：还需要函谷关独特的地理优势了吗？答案是显而易见的，早已不需要了。所以说，还有什么好遗憾的呢？

函谷关，我还会再来的，因为她的神韵已深深吸引了我。

（灵宝市函谷关镇入选《河南省第五批历史文化名镇名村名单》）

填不满的北舞渡

吴冠宇 | 文

对于"北舞渡"这个名字，我并不陌生。很遗憾，却是一直未能前去拜访。2011年的秋冬交接之际，我终于踏上了这片古老的土地，聆听它一路走来的足音。

北舞渡，位于河南漯河的舞阳县境内。舞阳，因在舞水之阳而得名。清代翰林院编修任应烈云："舞，宛郡之严邑……横亘于汝颖河洛之冲，凡秀灵磅礴之余气，三郡所不能独当者，舞实汇之。"这里，南有舞水流清、藕池渔蓑，北有澧岸烟树、沙河夜泊，奇景佳趣，美不胜收。

位于舞阳县北25公里的沙河南岸的北舞渡镇，是舞阳的重点乡镇，历史上古称"定陵"，有着两千多年的悠久历史，是明清重镇，如今是河南省"百强乡镇"之一。这里人口稠密，交通便利，商业发达，自古以来多次为舞阳的政治、经济、文化中心。

那天我们一行来到北舞渡镇时已是中午。来之前，听一位舞阳的朋友说过胡辣汤是北舞渡的知名小吃："到北舞渡不喝一碗胡辣汤那是相当遗憾的，周边县区的不少人都开着车大老远跑到这儿，为的就是来喝地道的胡辣汤。这胡辣汤以鲜牛肉配以二十多种中草药调料，添入高汤，再加入筋道的面筋和粉条熬制而成。肉烂汤鲜，香辣可口，回味无穷。另外，北舞渡镇出名的小吃还有魏家的卷子馍、关家的羊肉烧麦、庄家的油酥火烧、凌家的糯米元宵、张家的辣角醋等。"我们便直接进了一家"闪记"胡辣汤店。不知道是不是心理作用，感觉味道果然不同寻常。

胡辣汤是河南小吃系列中的一绝。它源于清代中叶，大兴于民国初

【作者简介】
吴冠宇，河南周口人。供职于周口市林业局。

年，之后花样不断翻新。至今你若行走在河南各地，仍能不时见到它的身影。小小一碗胡辣汤，缘何会经久不衰呢？它以大众化的品位和低廉的价格，始终成为人们早餐时的首选。在河南各地的胡辣汤中，西华县逍遥镇的胡辣汤与舞阳县北舞渡镇的胡辣汤都很有名，二者可谓各有千秋，成为胡辣汤中的"一时瑜亮"，这一点可以从各地街头大大小小的胡辣汤招牌中得到印证。

北舞渡镇为何会有包括胡辣汤在内的这么多名小吃？一般说来，说得出、叫得响的小吃都是与其所在地的地理位置、历史渊源息息相关的。近的有著名的开封鼓楼夜市小吃，远的有西安、成都花样繁多的各色名吃。可眼前的北舞渡镇应该说是豫中平原上

很普通的一个小镇，平实得让你不太会多看它一眼。北舞渡镇不起眼儿的外表下是不是藏着往日的辉煌呢？

北舞渡镇确实是大有来头！

据《明嘉靖南阳府志校注》及清代一些地方志记载：北舞渡镇春秋时属楚地，战国时属定陵县，隋唐时改为北舞县，元代改为北舞镇巡检司，明清时属舞阳县。在北舞渡镇的二郎庙内，刻于元至正三年（公元1343年）的碑文《护国圣烈惠灵显仕祐仕王重修庙记》中说："去县北六十里，有镇曰北舞……南北二镇，千有余家，皆有文庙书院，士夫宗文，行忠信之教……"当时北舞渡镇的繁华盛况从这篇碑文中可见一斑。北舞渡镇曾是豫中货物集散地，史载："北通汝路，南联宛襄……江南山货，东方海盐，由此中转。"明清两代，北舞渡镇借沙河四季通航的便利，成为水陆交通要道，"陆行者易舟，舟行者易乐"，"山陕府引商之南，之至而雨集"。鼎盛时期，北舞渡镇的商号多达五百余家，素有"拉不完的老赊店，填不满的北舞渡"之称。其时北舞渡被誉为中州巨镇，名扬周边数省。明清两代，北舞渡镇拥有"日进斗金""九门九关小北京"的盛名。统计下来，北舞渡镇曾作为舞阳县政治、经济、文化中心达一千七百多年。如此说来，北舞渡镇有那么多的名优小吃也就不奇怪了。

随着沙河航运的衰落，北舞渡镇当年如花似锦的繁华也渐渐化为云烟远去，只剩下那

巍峨壮丽的山陕会馆彩牌楼、保存至今的当铺院倔强地回忆着曾拥有的繁华往事。

清朝初期，北舞渡镇的商贸活动盛极一时，山西、陕西等地的商人云集此地，为了迎来送往、商贾联谊，两地商人合资兴建了山陕会馆。中国历史上的会馆，兴起于明朝，鼎盛于清代，衰微于民国。蕴涵着乡音、乡情的会馆，以其人文气韵的独特，已成为中外游客眼中的新景观。

据现存碑刻记载，清乾隆十八年（公元1753年），北舞渡镇山陕会馆有春秋楼、大花戏楼、大殿、铁旗杆、钟鼓楼等建筑。可惜，这些建筑后大都被毁，我们现在只能从碑刻史书中领略它们的风采了。值得庆幸的是，山陕会馆中建于清道光五年（公元1825

年）的工艺奇特、玲珑美观的彩牌楼，至今保存相对完好。作为河南省重点保护文物，它被誉为"河南清代牌楼建筑之冠"。

如今，当年的山陕会馆会址已经是北舞渡镇中心小学的地盘了。我们赶到中心小学时，已是傍晚时分，夕阳下，历经近二百年风雨的彩牌楼依然那样光彩照人。

彩牌楼面朝正南方向，是三间五楼六柱、柱不出头式牌楼建筑。柱子排成工字形，边柱斜出，边柱与中柱成三角形，使两边的次楼成斜出的歇山顶。主次楼都用灰色板瓦覆盖，主楼正脊用八节透雕花卉的脊筒组成，楼阁两边是造型逼真、栩栩如生的驼珠、奔狮。整个楼顶屋面曲线柔和，层层叠叠，翼角高高升起，婀娜多姿，翩翩欲飞。

主楼正中宽大的龙凤板中央悬挂着"浩气英风"匾额。原匾在"十年动乱"中被毁,现在我们见到的匾额是舞阳县博物馆派人修复的。

彩牌楼楼身的中柱和边柱均为圆形,柱下放置有垫鼓形桑墩(柱础),每根柱上都有制作规整的抱鼓石,中柱正面的抱鼓石上是一个昂首张口蹲卧的石狮,背面抱鼓石上是一个变形的石狮。像许多旅游区的这类建筑一样,石狮已经被抚摸得发亮,显出别样的盎然生机。整个彩牌楼轻灵中自有厚重,华丽间透着庄严,巍峨壮观,光彩照人,着实展现了我国古代建筑的优良风范和独特风格。

"文革"期间,北舞渡镇的红卫兵小将瞄上了彩牌楼。小将们准备把彩牌楼推倒砸碎,再"踏上一只脚,让它永世不得翻身"。结实的彩牌楼让小将们很费了一番力气。推不倒,他们就找来粗大的绳索,要把它拉倒。眼看经风沐雨达百年之久的彩牌楼就要毁于一旦,北舞渡镇的一些老人及时赶到,他们拉住自家的孩子说:"这牌楼有灵,是鲁班爷下凡建造的,毁了它家里人会得报应。"就这样,老人们连哄带劝,小将们才放弃了"革命行动",从而使我们今天还能站在这里欣赏彩牌楼的迷人风采,回味北舞渡镇当年的"花样年华"。

看完彩牌楼,不可不看

当铺院。它们可是记载北舞渡镇作为商贸重镇历史的"双子星座"。

建于清道光八年(公元1828年)的当铺院位于北舞渡镇东老街,相传是当时的山陕巨商所修,后转为天主教堂。舞阳县第一个地下党组织——时雨学社就在这里成立。解放后,这里又成为中共北舞渡区委所在地。如今,当铺院的旧址上是北舞渡镇的天主教堂。

赶到当铺院时,天色已经不早。从房

屋的外观上可以看出，当年修建当铺院的老板是花了大钱的。据镇上的老人介绍，建当铺院的材料相当讲究，从土坯的打制到合缝用的灰粉都严格按照当时最高的建筑标准执行。相传，当铺院的修建是由巨商的儿子负责的，建成后，巨商之子请老爷子来验收。老爷子赶到北舞渡镇，围着房前屋后转了一圈说："房子建得不错，可惜没法装上轱辘运回老家。"儿子一听十分不解，原来，兴建当铺院投资过大，巨商已经无力经营。无奈之下，刚刚建成的当铺院一天未用就转让给了当地的天主教士。

资料显示，当铺院整个建筑坐东朝西，面阔五间，是一座二进四合院。前过厅（代大门）、后过厅和大厅在一条中轴线上。过厅均为圆圈窗，窗下铺青石，石上镌刻有花草、卷云、麒麟等图案的浮雕。南北厢房进深4米，宽七八米。眼下，这组结构严谨的建筑群只剩下一进四合院，前院厢房也已坍塌了三间。

离开北舞渡镇，回望暮色中的镇区，遥想昔日的繁华，不禁让人顿生苍凉之感。

只是，如果了解了北舞渡的今天，或许这种苍凉之感会减轻许多。

北舞渡镇现仍是舞阳县北部的人流、物流、信息流中心，商贸业相当繁荣。许泌公路、漯平公路在此纵横交会，北舞渡镇交通十分便利，地理位置优越。北舞渡又是中原有名的长毛兔饲养基地和兔毛集散地。1997年10月被河南省委、省政府命名为"畜牧产业化先进单位"。

历史充斥无奈，未来蕴涵精彩。从彩牌楼、当铺院依稀可辨北舞渡镇的繁华旧梦，也许它们还会见证北舞渡镇明天的辉煌。

（舞阳县北舞渡镇入选《河南省第三批历史文化名镇名村名单》）

铁门镇散记

赵留喜 | 文

　　铁门古镇，原称"阙门"。史录汉唐宋迄今，已历两千多年沧桑。古为两京通途，今属交通枢纽。东临函谷，西连崤沟。南依烂柯，北偎方山。青龙、凤凰两山咫尺对峙，谷水、涧河环镇于东汇流。山清水秀，风光旖旎。物阜民丰，人杰地灵。志士贤达，迭见辈出。市井安定，民居惠然。

阙 门 山

　　目前已知最早记载《阙门山》的文字，是西汉刘向《列仙传》中《平常生》一文："谷城乡平常生者，不知何所人也。数死复生，时人以为不然。后大水出，所害非一。而平辄在阙门山头大呼言：'平常生在此。'云：'复水，雨五日必止。'止则上山求祠之，但见平衣帔革带。后数十年，复为华阴门卒。"

　　又据北魏郦道元《水经注·卷十六·谷水篇》记："谷水出宏农黾池南墦林谷阳谷。谷水又东，左会北溪，溪水北出黾池山，东南流注于谷。疑即孔安国所谓涧水也。谷水又东经缺门山，山阜之不接者里余，故得是名矣。二壁争高，斗耸相乱，西瞻双阜，右望如砥。谷水自门而东，广阳川水注之。水出广阳北山，东南流注于谷。"由此可知我们常说的南涧河，原名谷水，又名涧河。而于镇东北与北涧河汇流后，则习惯统称涧河。

　　再据《水经注·熊会贞篆疏》按：《隋志》，新安县有缺门山。《朝野金载》，唐开元八年（公元720年），契丹叛，关中兵救营府，至渑池缺门。则山唐时改属渑池。《金志》称新安有阙门山。《明志》，

【作者简介】
　　赵留喜，号"戬穀居士"，河南新安人。河南省作家协会会员。有个人诗集《戬穀居诗稿》《秋窗拾梦》出版。

新安西有缺门山，在今新安西三十多里处。

　　由以上几处历史文献记载可证：阙门，即今铁门，在西汉时就有人居住。若山下无村庄居人，何能听到平常生在阙门山头大呼"雨五日必止"，又何能雨止人"上山求祠之，但见平衣帔革带"。

　　清初顾祖禹所著《读史方舆纪要》河南府志卷四十八"河南三"载文，"缺门山在县西三十里。一名扼山。山阜不相接者里余，水经其间。白起城，在县西三十里。相传白起尝屯兵于此，因名。"南涧河流过青龙山下，也是今村东之卫星渠所筑之水泥拦河坝处。现在若登上今西棚沟（上沟）北凤凰山顶，白起城的石寨墙还依稀可辨。记得1975冬在李合子沟修蓄水塘时，有一个生产队的群众在沟北的台地土中，挖出了古时行军用的大铁锅等炊具，这足以证明白起城下曾屯过兵。若听过"龙凤拱阙"的民间传说，想验证一下大自然的神奇奥妙，可以站在白起城的山顶向东远眺，只见云雾中一条青龙逶迤而来，龙首俯在涧河东岸，顺着龙胫移目向南，明显看到一只斑斓的猛虎横卧在那里，白家沟是虎肚，沟两边向河延伸的小山坡，就是虎的前后腿，而虎头则和龙首相叠，好一派天生的藏龙卧虎景象。当怀着一颗意犹未尽的好奇之心，再攀登青龙山顶，又一幅更加神奇的画面出现在眼前。凤凰的头（凤凰寨）在镇中，和东面龙首隔河相对，呈现出"龙凤拱阙"之雄伟气势。顺着凤头西望，在绿树掩映下，山势由低逐渐升高，白起寨为凤凰的脊背，北面的扬山，南面的上沟坡，是凤凰的两翅，恰如一只正在飞翔的彩凤，遇到了青龙而突然停行。在这里要赞叹大自然的鬼斧神工。

延禧镇

当年我在村党支部书记任上，于1984年修建学校培华楼，拆掉关帝庙时，见到大殿前廊上的石碑，上刻早年一赵姓老妪善捐土地一块为修庙所用，还有的刻录捐赠功德和翻修记载，为能长久保存历史物证，当时即把这几通青石碑悉数埋入土中，以留给后人研究，位置在今培华楼从东向西数第二个教室南面的院地土中。其中唯有一块明万历五年（公元1577年）《重修顺庆寺》碑，较为珍贵未埋入土中，放在院南大门内水井西面地上，在我离职后不便去管此事，听说是移入千唐志斋内，不知现还在否。

这通《重修顺庆寺》碑，是明万历五年，由邑廪生丁璋所撰文。其碑文是：

新安县铁门镇凤山之西有顺庆寺焉，涧水之东有青龙寺焉，肇建于唐元和庚子岁（即唐元和十五年，也是公元820年），继成于宋大中祥符四年（公元1011年）。历元大定，兵革辜与，将寺焚毁，■■我（明）国朝成化五年（公元1469年）复更新之逮，嘉靖九年（公元1530年）张安修补。然岁殊时异，有风雨倾颓，堂殿圣像不免毁坏。镇民赵志武，因两建石桥之暇，乃谒二寺焚毁，而兴思曰殿宇若斯，神何依乎。于是捐金输粟，选匠鸠工，而两寺佛殿，水■■厢房，陆续完治，其■■已也。复构绘画之士，于诸佛像而妆饰之，镇民争相效力，以润邑之，则殿宇由是而永固，塑像因之而焕然，神可安妥。祝贡有地，每岁终看余诸品，经说以报神祇，又不忍人之匮乏，因而借此地乃少榷，恩■浇恩顽之，至■请予为记，予即以始末录之于石，用垂不朽之尔。万历五年岁次丁丑。

民间传说："先有沿溪大镇，后兴铁门小街。"五里沿溪大镇，历经风雨片瓦无存；河西铁门小街，应运延续繁荣崛起。乡人口头相传的镇名"沿溪"，是谐音"延禧"。据《中国历史政区·北宋·京西北路》文载："景祐四年（公元1037年），改铁门镇曰延禧。"

东门拱阙

铁门镇週土石寨墙，高大厚重雄伟；大小城门七座，锁道固若坚垒。镇中凤山仰首，扼据要道咽喉。村外南北涧河，天然屏障护廓。镇东城门上方，镶嵌青石"拱阙"巨额，旁列乡钤张钤所题对联："百二关山严凤阙，五千道德跨龙门。"可惜的是，在1978年修建东门外涧河上铁门桥时，需改建道路拆除老东门，这"拱阙"青石匾额摔碎掩埋无存，而石刻上联也断为两截，庆幸的是这副石刻对联现存千唐志斋内。镇东门内还有"东阁"跨街而建，阁外至东门内长约五十米，实际上起一瓮城之用。

因怕此孤拓日久失去，故今将碑文尽录于此。

从此碑文可看出，唐时阙门镇已跨涧河而延，即西起老街西崤湾，东至五里铺，镇街长五里之遥。是东西两京通道，故驿马繁走、商贾络绎。碑文所说"两建石桥"，可推断一桥是拱阙（东门外）之桥，另一桥可能是五里铺之桥。

西门铁门镇

镇西门原址在今长街最西头，向西南拐

100

弯之处，即今铁门火车站东台下西侧。西城门外上方高悬有右仁亲书"铁门镇"三字青石匾，匾左有"张钫等监修，于右任题"两行小字。此城门接纳崤函之气，颇为坚固，出门即踏上西京之大路。在1948年解放铁门时，被攻城的解放军用炸药炸塌，"铁门镇"三字石匾被炸为两截，"铁"字小半截遗失，"门镇"及小字的后多半截，后由西门内张姓农人捐赠，今存千唐志斋。

北 门 凤 舞

镇北门外之路，是顺着杨老凹通向西北乡洪阳的大路。北门外上方镶嵌一青石匾额"凤舞"，匾右有一行小字"民国二十年初夏"，匾左有字"李振九"，李先生是当年名满洛阳的大书法家。此门原址位于今凤凰寨北陇海铁路立交桥下，即铁路南之桥柱东侧，现地面已无痕可寻。在1957年修陇海铁路复线时，因铁路南移，将北门拆除，这方"凤舞"石匾被北街裴姓收家，80年代时捐赠千唐志斋保管。惋惜的是，在新铁路北，老铁路南的土堰上，面向偏东北立有一青石巨碑，也是李振九先生书丹，上面详细记载了1932年春节期间，有镇上12个十来岁的孩子，在凤凰寨顶对"蒋冯阎中原大战"时遗弃的迫击炮弹用钉子敲钻，企图取药玩耍，不料炮弹剧爆，12个孩子全被炸为肉糜。为牢记此事，镇人立此石碑。在上世纪70年代，744厂修铁路货场时，拆毁此碑，可能掩于老路沟土中，今已湮没无踪。

南 门 龙 飞

在2011年12月7日的早上，我晨练至玉梅南坡归来，当走到残留的镇南城门时，时间是7时20分，我专门从南涧河桥北头下到坡底，站在破旧的南城门前，脚下是碎土石和没脚的荒草，仰起脸，两眼仔细观察城门

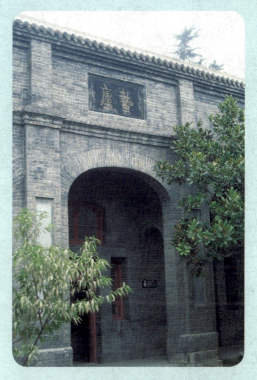

上方嵌在正中的石匾，正中是两个横写繁体大字"龙飞"，右侧竖写一行小字"民国辛未春月"，左侧竖写"张钫阖镇仝创修"。镇南门是面对涧河，门外五米石台下即是河道。过河有乡道南通宜阳盐镇。原镇寨墙周有七门，现在唯存此门，也已破败不堪，成了铁门镇城门历史的唯一存证。

土石城墙与偏门

站在这老南门外，读着石匾上"民国辛未春月"的字，可推断出城门和城墙于1931年建成。用土夯筑的城墙由南门向东北顺河而行，在将到东门约百米处，城墙全由红色砂岩堆砌而成。因河水顺着城墙而流，故此处独缺一小东门。待走过东门，顺河向北也有约百多米的红色砂岩城墙。正因东门两侧各有一段石城墙，故东门显得颇为壮观。

由东门石城墙向北又是夯土墙，约百米后向西拐去，在今杨家西墙外，是原来的

小北门，有车道向北穿过铁路桥，再过北涧河后向西北方延伸，直通渑池县的德厚、石盆后进山。此路今已无存，此门不知何年拆去。墙又向西直行至镇北门，也是用土夯实为城墙，这段土城墙在上世纪70年代后，因群众在此建房而被悉数扒去。

由北门向西，依凤凰山势而起，也是土墙，至岭上（今张钫墓西北角墙外）有一小西门，主要是群众去西坡耕作之通道。初修陇海铁路时，在此修有一单道天桥，以方便农行。1957年修陇海铁路复线时，小西门和天桥同时被拆除。

由小西门向西顺着土崖之势而行的土城墙，终于和西门相接，而后南行约百多米，拐直角顺着西沟下来的小溪沟向东而去，行了不过近二百米是小南门，原址在老卫生院东墙外南行河沟处，是为人方便去南菜园而设此门，现在河沟上有小桥。接着向东，又是土城墙，一直和南门相接。

本来打算在今天早上晨练到南门外时，一是拍照旧城门，二是到河滩的菜园地里拍点伸杆井打水浇菜之画面。当拍完照到家后，我放过手边的文事，赶紧查找资料，挖掘回忆，用了一上午时间，写完上面这篇文字。虽说叙述啰唆、行文无序，但说出了镇情的来龙去脉，以方便后人之用。特别是当时城门和寨墙的发起，以及如何修成，因时间已过去八十余年，当时参与者已无人在。这些琐事还是我当年工作之余，也热心那些民间传闻，有时也向人打听，所以牢记于心。写到此处，虽觉心中所思未能尽述，但篇幅太长，只好停笔了。

（新安县铁门镇入选《河南省第二批历史文化名镇名村名单》）

　　各式各样的中原传统古村落，展现的是中原大地上的传统建筑艺术，承载的是千年的中原历史风云，表达的是中原人朴实勤劳顽强生活的精神家园。这里是我们每个人渐行渐远的故乡，是我们午夜梦回无数次的心灵家园。

偶遇临沣寨

江易安 | 文

与临沣寨的相遇，说起来，更像是一场偶遇。

那日的目的地是禹州的神垕镇。有如毛的细雨轻飘。农历十一月份的天，在这样的细雨中行走，总免不掉的寒彻入骨，因此，在神垕古镇上行走的脚步不免有些匆匆。及至走完神垕、午饭吃过禹州的豆腐菜，开车踏上归程时，天空竟是"豁然开朗"，再无丁点儿雨的迹象，甚至阳光都迷蒙地透了出来。

不想辜负这趟出行以及这明朗的天，停车翻看"高德地图"，查看附近是否还有可观可去之处，方知与神垕相距不远处，有平顶山郏县的临沣古寨。

仅仅是印象中有这样一个名字，及一星半点的对临沣是个"旧时玩意儿"的记忆。开车启程，朝临沣而去。竟像是有些捎带一看的意味。

路不好，或许是事先没有查找、设计好行车路线的缘故，再加之路上不断地有封路修路的状况出现，四十来里的路，竟像是走了许久许久。念及已是下午，还要归城，几乎有了要放弃的念头。好在，孩子们倒是积极；对于出行，孩子们比我们这些成人，总是有着更高的兴致与热望。

一路没有任何关于临沣古寨的去向标志，几乎都怀疑走错了方向与路途。听凭"高德地图"任意地指路，终于曲曲弯弯地折到了一个标有"堂街"字样路牌的三岔路口处。"高德地图"显示，临沣即在此处。可眼前，哪里有半点的古意盎然？

下车去路边店探问，店家手指右拐再行二三里。驱车再行，已是乡间小公路，有些逼仄。路两旁无河无泊，竟是有成片的冬日里枯黄的

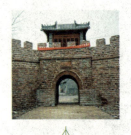

【作者简介】

江易安，河南舞阳人。现供职于漯河市房管局。文学上擅作虚拟类作品，著有长篇玄幻小说《寻找回来的世界》。另在各大报刊杂志发表各类文学作品近百万字。

芦苇，生生遮蔽、阻断了寻找临沣古寨的视线。

印象中，临沣古寨是以石作墙。想必寨子应该就在石头山中吧。可一路行来，目之所及皆为一马平川的平原。抬眼前望，远远的，雨后的迷蒙中，似乎卧着一黛并不巍峨高耸的远山。从临沣回来后，才知那山便应是紫云山了。只是当时，因心想着寨定然在山中，竟是心生欢喜，开足马力直冲山脚而去。中途，突有硕大的路牌出现，指示临沣古寨在此。环顾四周，前方路之左侧有几幢现代化的高楼，楼后即是冬麦沃野无际，右侧一大片像旧时乡村池塘周围那样的柳林，竟是无半点古寨的影子。因是冬日，路上连半个人影儿都没有，问路都无从去问。

路旁有派出所，径自迈进去，逮一人便问临沣何在。那人似乎有些讶异，愣看我半天，然后，只是下巴一扬歪在一个方向说，不就在那儿的嘛。那表情，让我一下子惭愧不已。还真是，临沣古寨就掩藏在刚刚路过的那片柳林深处。

真是意外！距前方那山差不多还有十多里的距离吧，在这一马平川的平原上，生生就出了一个石头村寨，该不会是哪位神仙搬山的时候，遗落在此处的一块石头吧？

车至寨门前，更是呆了。寨门并不显高大，但除却前些年去过的平遥古城，竟想不到一个普通的乡间村落亦会有如此这般的寨门，以及围了村子漫延而去的寨墙。

皆为红石。资料显示，这红石即是从前方不远处的紫云山上来。因为红石，这临沣寨，便又有了"红石寨"的别称。

寨门前半圆形的空地，亦为红色碎石铺地。空地不大，已停了两三辆私家车；再看余下的那丁点儿空间，便也只能把车停在了寨前通向外界的路旁。甫一下车，孩子们便朝着寨门飞奔而去。

寨门下，有一老妪正带着一胖墩墩的看上去十岁左右的孙儿，不时发出惊叹声细看那寨门。驻足旁观，寨门木质原色，肥厚墩

地，像是小广场。一条笔直的红石铺就的路向南而去，路两边分列的房舍，比之我们现代农村的房舍高大了许多，皆是青砖青瓦。瓦皆为小瓦，已是现代农舍极少用的了。再回望内城墙，并不是常见的四四方方一座城，而是圆形，城墙根下的房舍院落依弧而建，院与城墙之间，一条不足两米的石道贴墙根逶迤而去。

孩子们冲上寨墙，我也尾随而上。寨墙之上，展眼外望，皆是柳树树冠，冬日里的柳树没了枝叶，徒留光秃秃的细细枝条，随风摇摆，竟恍若团团迷蒙的雾气。便是这迷蒙的"雾气"遮断了远望的眼，甚至远处的紫云山脉都望不见了。扶墙垛向墙外望，一条河贴墙而行。河水三四米宽，这便应是绕寨而行的沣溪了吧。

据《水经注·河水》记载："柏水经城（宝丰）北复南，沣溪自香山东北流入郏境，至水田村。一由村南而北，一由村北而东，环村一周，复东北至石桥入汝。"因村在二水之间，故称"水田村"。

这里的水田村也即是如今的临沣寨了。因临了沣溪，方名为"临沣"。

站在寨墙之上，再看墙内村舍，虽不能一观全局，倒也能看到座座村舍那飞檐翘角、小瓦如鳞的俊俏模样。最近处一处院落里，分明还住着人。院门已是破败，但小院深深，入门后路侧是一片空地，种着碧绿的白菜。往前行两边是厢房，略矮，门前停着辆电动摩托；主屋高耸，屋内坐着三两人正在闲话。

寨墙之上，红石铺地，三四米宽。沿寨墙逶迤南行，一侧观墙外柳林如海似烟，一侧观墙内屋舍俨然村道纵横。游人稀少，难

实，上嵌铆钉，边角已透出腐朽的木茬子，裹了细窄的铁皮。让观者发出惊叹的，便是门上那些凹凸不平的坑洞，使原本该是光滑的门面俨然麻子脸了一般。据说，那便是当年土匪以及日本鬼子攻打临沣古寨时留下的弹痕。

如此，便对这临沣古寨一个普通村落为何修了如此高大的寨墙，有些了然了。防御外敌的来袭，无论是对一个国、一座城镇，还是对这样一个凡间的村落，都是安然生存的必需。

穿过寨门洞，眼前豁然又是一小片空

得一见。不少的院落也是大门紧锁，村人大抵也是移住他处了。

资料显示，临沣寨在魏晋南北朝时期已经存在，只是当时名为"水田村"。现存房舍多为明清建筑。村人最初以张姓人家为主，明朝时来了一支朱姓人家，世事变迁，最后朱姓倒占了全村人的百分之八九十。所以，临沣寨又有了"朱洼寨"之称。

行至寨墙东南角，又现一寨门，不如北寨门那般巍峨，且已破败。在荒烟蔓草间寻了路下了城墙，透过这东南寨门洞向外望去，一条逶迤土路在柳荫包围中延伸而去。

村南，寨墙已颓，徒留土堆，掩在密密的荒草间，依稀能看出寨墙的旧时模样，奋力奔上土墙，张首外望，一条河依偎在墙脚处，河对岸便是沃野麦田了。

从土墙上下来，沿街前行至中心大道，抬眼望，已是能看到路北头那巍峨的北寨门了。

中心大道两旁的屋舍，想必都是大户人家，门楼皆建在高高的台基上，需拾级而上，方可入得院去。路右侧，有一门洞口写有"临沣小学"字样，并排写着"朱氏祠堂"。穿门洞而入，院内竟是另一番天地，一栋现在中小学常见的两层教学楼赫然入目。只是，那院落里已是蒿草深深，竟不似有人烟的模样。四处寻找"朱氏祠堂"的所在，竟也不知所踪。

出此院继续前行，便见这人那人的故居，皆是朱姓人家。资料显示，朱姓人家初来临沣，只为张姓人家的佣工。后来，朱姓人家人丁兴旺，且越来越出息，不仅出现了做官的，更有清道光年间做盐商而发家致富的，

诸家分银竟是可以以筐计的。有了家财，为求安全，更是把这临沣寨打造得固若金汤，以妨匪扰兵患。

继续沿街前行，路两旁竖起了无数脚手架，用绿网隔着，俨然是在整修。一处屋舍后墙上贴着长长的关于临沣寨历史介绍以及旅游资源开发的蓝图规划。看那幅临沣古寨复原图，竟是密密麻麻、挨挨挤挤的村舍，拥挤在这处略近圆形的寨墙之内，整体布局倒真有些八卦图的模样。

　　不懂风水，八卦也只是略知皮毛，像我这样不经意与临沣撞了个满怀的过客，来到这里，走过这里，看到的，远远不是临沣那些名声在外的历史学术研究价值，充其量，我只是行走其间，就像漫步在了已被我这样一个来自乡村的人久已遗忘在记忆深处的荫深故园里罢了。

　　路边一处院落，无院墙，更无门楼，只是豁然对外的一处，一栋三间的青砖青瓦的房舍，院内一高大粗壮的榆树，榆树下偎依着一个红石磙。整个院落，荒烟蔓草铺满，落叶成泥。屋舍大门紧扣，窗扉破败。这一切的一切，就像被我们这一家人遗弃在故园里的那间老屋、那处旧宅，久无人居住；它的孩子们早已远走他乡，在异地他乡讨着生活，享受着别人城市里的流光溢彩。只有它，默默无语地守望着，守望着曾经年少的故事，守望着我们来时路上风雨兼程的成长往事。往事，已成尘埃遍布旧时阶，旧时阶也已爬满了记忆的苍苔。

　　孩子们开始显得有些索然无味了。怪不得他们，他们还只是孩子，在他们的脑海里，还没有故园。在临沣这样的古村落里，他们自然也体会不出行走其间、恋恋不舍的我们这些成人们的心中，那份似曾相识燕归来的落寞与惆怅。

　　雨又开始迷蒙而飞，打在脸上，像是思乡的泪。

　　我记不得太多关于临沣朱家的件件往事，也没打算记得。因为不管我记不记得，我都知道，那是中国广大乡村里，千千万万个不甘贫穷的乡村人寻找出路、奋斗不息的故事中的一个。只不过，临沣寨，把那段段的历史往事定格了下来，用红石寨墙包裹着，让所有思乡的游子在倦了的时候，回来看看，或偶尔从记忆深处，轻轻翻起……

　　（郏县临沣寨入选《第三批中国历史文化名镇名村名单》）

神奇的吴垭石头村

陈奕纯 | 文

2012年的深冬，我去了河南省南阳市内乡县的乍曲乡，这里有一个全国知名的吴垭石头村。

那天，汽车下了省道，在通往村里的小路上起起伏伏，大约行驶了两里多地，一棵黑铁皮色的大树迎着料峭的寒风站在路旁，似乎在迎接我们的到来。汽车爬上了一个陡坡，转到一架开阔的山垭上。时值隆冬，朔风卷地，天气生冷，路上不见行人，略显冷清。隔着车窗玻璃望出去，看到大大小小的石头遍布山野，这些形状各异、大小不一的石头，顺着45度斜坡，像一挂挂珠帘从山上垂至山下，一直绵延到山脚。远山近垭，石头卧虎藏龙，形神森然，满目沉雄，苍莽之气笼罩四野，使人顿生敬畏。

同去的朋友饶有兴致地告诉我，吴垭石头村整个村庄全部是用石头建造而成。2009年10月，它被联合国教科文组织和中国国土经济学会评为"第二届中国景观村落"，是中国农耕文明的典型代表之一。

跨越时代的回响

汽车从铺满石头的乡间小路行驶至村口，在一片平整坚实的红土地上停下，吴垭石头村像一幅巨大而精美的画面铺展在眼前，顿时驱散了弥漫在心头的荒寒。

这里是石头的世界，所有的建筑都离不开石头，奇石、石头器具随处可见，仿佛进入历史隧道，古风扑面。

【作者简介】

陈奕纯，广东人。中国散文学会副会长，中国散文学会作家书画院院长，中华书画艺术创作院院长，《中国书画研究》总监，大学教授。

我们踩着石头小路进村，刚走上一个石台，一位六十岁左右的村民站在自家门前，笑着向我们打招呼："你们回来了？回屋里坐吧！"

老人家像是看到多年的游子返乡一般，一句问候，亲切而自然。我看着眼前的一切，似曾相识，恍惚之间觉得有神奇的事情在发生，随着这位老人的一声问候，感觉那些无言的石头从房后到墙体的角角落落、旮旮旯旯纷纷探出头来，形成一股强大的磁场。我不由自主地跨上前去，抚摸着老人家的石门框，一种久违的乡情油然而生。我问："老人家，您贵姓？"

老人家微笑道："俺姓吴，我们这里都姓吴，全村没有其他姓。"

"您祖祖辈辈都住在这里吗？"

"俺们老祖宗老早就来这里了，到我这儿，已经是第十八代了。"老人家拿手指头比画着，仍不忘邀请我们到家里去，"到晌

午了，一会儿你们都回屋吃饭啊！"他身边站着一位大约五十岁的清瘦妇人，像是他家"屋里的"，她也笑吟吟地发出邀请。一只肩背和头部都长着黑黄色斑纹的大白狗，紧贴着女主人的左侧站着，毫不设防的样子，欢快地摇着尾巴，向我们表示友好。

老人家说，现在是冬天，你们春夏来就大不一样了。我问为什么，同去的朋友说，这里属长江流域汉水上游的白河水系，为亚热带湿润地区，阔叶林、落叶林植被覆盖率高达80%，空气非常湿润，气候也很温和，春夏山花遍野，村子周边森林茂密，古藤老树遮天蔽日，那时候来，更适合写生作画。

"不碍事儿，这里是冬暖夏凉，啥时候来都好看。你们先到村里转转吧。"老人家为我们热心地指路，"从这条小路往前面走，里面深着呢。"

我告别老人，也有意与同去的朋友拉开距离，独自一人往村庄"深"处走，细细察看每一座老房子、老院落：完好的、坍塌的，住着人家的、空无一人的。

村里的巷道狭窄而悠长，路面用石板和碎石铺成，高低不平。在这里，目力所及的全是石头，触手可及的还是石头。石头房、石头墙、石板路、石板桥、石台阶、石门楼、石院墙、石畜圈，还有石井、石盆、石桌、石凳、石磨、石碓、石碾盘等，比比皆是。院内的厕所、排水道也无一不是石头垒砌而成。那些缺损的石槽，只剩下一半的石磨盘，都在告诉我们岁月的久远和沧桑。我特意观察了每一家的房顶，上面覆以青瓦，房顶之上有红砖、青砖垒砌的烟道，与石头房浑然天成，古朴凝重。在这里，石头诠释着岁月，它们实实在在融入到村民的生活里、血液里和生命里。石头与人相互依存，人与自然和谐相处，生生不息。

走着走着，我看到了一道长二十多米的石头墙，墙上有一块长一米多、高五六十厘

米的元宝形石面，上面是一层一层，层层分明，显然是海水冲刷过的痕迹。石面中间，有无数横七竖八类似贝壳的小石子，挤压在粗糙的沙砾中，石层的上方仍然是青青的石面。我想，这种石中有沙、石中有石、石中有贝壳的现象，也许是远古时代留给我们的印迹。

村里铺路盖房用的这些石块，均取材于村边山石，是村民用钢钎撬下来的。这里石灰岩、水泥灰岩、白云岩极其丰富，岩石层外露，石头层次多，材质硬度适中，节理裂缝分层，易于开采，为村民建筑石结构房屋提供了天然的材料。这里的岩石有大而厚的块石，也有小而薄的片石，用以垒砌墙体或铺地，基本不用切割，只要按照石块的大小，错落有致地摆放即可，无论是平房还是楼房，几乎清一色都是石头房。有平面布局，平地兴起，也有依山势而建，呈三合院，也有两进院和三进院。堂屋、卧室、磨房、灶间、猪圈、羊圈等，布局合理，功能齐全。

桂花时节约重还

石头村的年轻人外出打工者居多，大部分人家的院落，要么虚掩要么落了锁，隐约看到村里的老人在自家的房前屋后出出进进，也许是小学生还没有放学吧，空旷的小山村，安静得有点寂寥，在夕阳下平添了几分悠然的诗意。

这里的每一块石头，即便是小小的片儿石，都是有生命的。

石头墙上的每一块石头，方的圆的、缺角少棱的，都在告诉我一个秘密，这里的山原本不是山，这里的垭原本不是垭，在很久以前，这里是深不可测的汪洋大海，它们是大海的产物。经过大海洗礼的石头，色彩极其丰富，即使被能工巧匠砌嵌在墙，在冬日的阳光下，依然散发着远古的光芒。要探究这里的奇特现象，非地质学家、人类学家莫属，我们对大自然的认知往往有限。在我看来，它的美学价值已足以使来者叹为观止。

房屋构架、道路铺设，无心插柳柳成

荫。这里的每道墙、每条小路、每级台阶，都是一幅画。其色彩线条、水渍磨痕，无不透出石头的神奇功能和神韵，在岁月的打磨下，不经意间蒸腾出色彩斑斓的画面，真实而唯美。

且不说石头的造型别致、巧夺天工，单说色彩，已美不胜举。黛青、竹青、石青、鸭蛋青，各不相同；金黄、橘黄、杏黄、土黄，相互交融；海蓝、深蓝、浅蓝、天蓝，层层叠加；深灰、烟灰、土灰、浅灰，相互交错；黛绿色、翡翠色、嫣红色、绛紫色、藕荷色、赭石色，夹杂其中。有的黄中透红，有的一层青绿一层赤红……人工无法描摹，那是亿万年自然造化的神奇杰作，由智慧的吴垭人，把它们从"海底世界"打捞到"岸上"，形成乡村独特的建筑文化，立体呈现在伏牛山的山间。

作为画者，我们对周围事物的感知，投射在视觉里的主要是色彩，我们为之敏感为之痴迷的也是色彩，因为色彩是大自然最直接最丰富的语言。在这里，高高矮矮、错落有致的石房子，呈现出五彩缤纷的色彩，在烟云缭绕中，散发出大自然的无穷魅力。尤其那挑高的黛瓦房脊，浑身布满苍苔、在树林里沉睡千年的斑马色巨石，都给人一种奇幻的印象。触动心魂的文化体验，是一种滋养，如饮醇酒佳酿一般，我被吴垭石头村的瑰丽色彩深深打动。

在一家门前，放着一个长约八尺、宽有一尺半的大石槽，这样大的牛槽在村里很少见。从房子的布局规模来看，昔日这家定是人畜兴旺的大户。石墙外，宽阔的石头门楼两侧，七棵高大而挺拔的梧桐树环绕在院墙外围，伟岸笔直的树干顶天立地，耸入云

天。豆绿色的树皮上，泛着绒绒的朦胧的白色光，几片打着卷儿、形似荷叶的梧桐叶子，虽在寒风中萧瑟飘荡，但叶脉间泛出的浓浓军绿色，仍使我想象到这里年复一年的翠荫如盖、凤鸣朝阳。

房子依山而建，坐北朝南，房后林木丛生、杂树交错，厚厚的落叶、干草、树枝覆盖着山坡。如果是在夏天，定是遮天蔽日，郁郁葱葱，加上七棵梧桐树呈环抱之势，门前视野开阔明朗，真正一处好风水。

踩着石径小路上的干牛粪，我走进另一家敞开着的院子，老屋的墙内，是红土胶泥和着麦秸抹上去的。房子有被大火烧过的痕迹，房顶已经坍塌，墙上被烟熏得黑乎乎的，用手触摸一下裂缝的红泥巴墙，质感与石头一般坚硬。当地村民告诉我，这一家人早已经迁往县城居住了，而我分明能感受到主人生活过的种种痕迹和烟火气息。院子里有一棵百年以上树龄的金桂树，枝繁叶茂，亭亭如盖，巨大的树冠遮住了多半个院子，在寒冬里透出无限的生机与活力。虽然主人离开了家园，但它依然默默地坚守着这份忠贞，为主人呵护着这份宁静，期待着主人"桂花时节约重还"。仔细观察这棵金桂树，依稀能看到繁密的干花瓣儿留在枝桠里，一任北风吹过，散发出幽幽清香。

沧海桑田的神话

从地质学的角度看，吴垭是一个地质文化博物馆。那随处可见的火山石，有的零星散落，有的呈蜂窝状分布。有的青色巨石，看上去比大象还要大上十倍，像海龟卧在山间，有的则像巨龙匍匐在山坡。这里的石头是由火山喷发时形成的五彩岩浆，混合着泥土和各种植物茎叶形成的。还有刚进村那漫山遍野的类似板岩的大石头，千层饼一样相互叠加的青石和红石，都告诉我这里曾经历的沧海桑田。

在村里，随处可看到青石板里夹着红石板，红石板里夹着青石板。有科学家分析，很久以前，这里是海边，每天都有大量的淤泥或红砂在这里淤积沉淀。经过地壳运动，这些淤泥和红砂都变成了岩石，淤泥变成了青石板，其质坚硬；红沙变成的红石板，石质相对薄脆。人们用这些石板盖成石头房子，既是创造也很科学。

在通往半山坡方向的小路上，我发现一棵标有五百余年树龄的黄楝树，树干斑驳，满身疮痍，从枝干中透出生命的顽强，足以见证这里的辉煌与兴衰。这棵古老的黄楝树是村子里的"活神仙"，树下有被村民们供奉的痕迹，看起来香火不断。

唯有知情一片月

吴垭石头村的美学源头，应该追溯到270年前的一个传奇故事。

在吴垭村的村东沟处，有一块墓碑，这块墓碑是大清咸丰二年（公元1852年）二月所立。碑文记载："迪元，祖居堰坡，乾隆八年，迁居于此，迁时并无地亩，尽属荒山……"乾隆八年，即公元1743年，内乡县的农民吴迪元，响应乾隆皇帝的号召，带着妻儿走进了大山，开垦荒地。在这个村子里，所有的人都是吴迪元的后人，因为居住在两山之间的高地上，故有"吴垭"之称。

当时吴迪元只有一个儿子叫吴复周，后来吴复周又生了三个儿子，吴家的人丁开始兴旺，子子孙孙繁衍下来，到了今天吴家已经有了第十九代子孙、四十多户人家，于是也就有了吴垭这个山中的村庄。目前这里古建筑面积有5620平方米，保存较为完整的石头建筑群93座，现存房屋二百余间。这一切都源于宛西汉子吴迪元的那一次迁居。

亿万年前，这里沧海横流，这里的石头曾是一粒粒沙子，火山喷发、地动山摇时，它们在沉睡中浮出水面，在生命的摇篮中生，在生命的摇篮里死。生生死死多少回，硬是把灵魂磨砺挺拔，把血脉锻造坚韧。生命伴着一次次惨烈的蜕变，终于被凝聚在沙砾土里、血里泪里，低下的头颅，再高昂地抬起来。为了被垒上一墙一垛，为了能守护那窗前的灯火，更为了生命的尊严，它们几经浮沉，终于使自己的生命和人类的生命一

样，焕发出灼灼光华。

可以想见，最初，在吴迪元看来，那不是石头，那是他的兄弟、姐妹、少年伙伴，是与之同呼吸共命运的故乡亲人，是他老家院子里的太阳花，是他家乡田野上的狗尾巴草，是他浓浓的乡愁。于是，他一到此地，即与石头结下难割难舍的情缘。他以全部的感情亲近它们、了解它们、抚慰它们，发现它们的生命灵性，聆听它们灵魂的吟唱。

"唯有知情一片月"。在茫茫荒原上，他把他的生命与这些石头紧紧相连，同命运共呼吸。不然，为什么那些石头深情地看着他，向他发出强烈的召唤，吸引他、引领他，给他以开创新生活的启迪？

吴迪元初到此地时，一定只是想为自己和妻儿盖一所能栖身的石头房子，聊避风寒，不料那些被他亲近、被他撬起的青石红石却对他发出了会心的一笑。在万物有灵的自然界，人类的聪明才智，有着无限的潜

力，有待多重生命的引发。吴迪元终于发现，你若爱，被爱者一定会对你深情回报。

我们自以为是天下的掌控者、宇宙的主人，然而，对于时间而言，人类是如此的渺小，唯有那些躺在地上、山坳里的石头，还有蓝天白云、阳光空气才是时间的主宰者，才是永恒，它们是我们人类亿万年前乃至亿万年后的祖先。

吴垭村的石头，从原始的荒野走进人们的视野，参与人类的繁衍生息，养育温暖这一方百姓，它们的一呼一吸，都与人血脉相连。吴垭村的人们，因为有石头为伴，这里的空气将永远弥漫着悠远的风雅物语，永远弥漫着人类与自然和谐相处的浓浓深情。

面对大自然和茫茫宇宙，所有万物都有着同样的孤独和茫然、同样的希冀与期待。

（内乡县吴垭村入选《第一批中国传统村落名录》）

书香味浓说马街

杨福建 | 文

　　马街村位于伏牛山东麓，西依伏牛山，东临白龟山水库，距宝丰县城有六七公里，鲁平大道、焦枝铁路、郑尧高速从它身边经过。

　　在地图上，"马街"这个地方是难以查到的，它只是一个小小的村落而已。它没有区位和经济上的优势，加上古代信息交流不便，所以马街很难进入人们的视野。但马街却以另一种形式，在中国历史上书写着自己辉煌的一页。随着时代的进步和社会的发展，马街这个名不见经传的小地方，声名鹊起，名扬天下，这都得益于马街书会。马街书会是平顶山和宝丰县的一张名片，也是它们的一个文化品牌。

　　算起来马街书会已有六百余年的历史，据考证起源于元代的延祐年间，在马街村广严寺及火神庙的碑文上有记载：元朝延祐年间，马街书会已初具规模，每年约有千名艺人前来说书，到了清代同治年间尤为兴盛。当地有位秀才，曾在南阳府做过儒学教谕，告老回乡后，因德高望重，被推举为书会会首，他每年都积极组织书会演出事宜，安排艺人的吃饭住宿，颇为艺人们赞赏。清同治二年（公元1863年），他想计算到会的说书艺人人数，于是他让这一年来马街赶会的艺人到火神庙里进香钱，在香案前放一口大斗，每人只许进一文，下来一数两串七。也就是说，那年到会的艺人有2700人。2700人在交通不便、信息不灵的旧时，可不是一个小数目，说明马街书会在当时，从规模到气势，皆已影响极大。关于马街书会的缘起，当地有多种版本传说，一说是春秋时，古应国（宝丰为古应国的辖区）大夫张舒喜欢弹唱，技艺超群，晚年便定居马街，往日结交的许多艺人慕名而来者络绎不绝。张公去世时正是正月十三，友人为纪念他，便于每年的这天聚集在马街说书唱戏，以曲

【作者简介】
　　杨福建，河南作协会员，就职于平煤神马建工集团。

怀友，这个传统慢慢地延续了下来。还有一说是早年在马街村，有一位叫马德平的老艺人，年轻时记忆力超强，能说会道，不仅一目十行，而且过目不忘，听戏一遍能记得一字不落。他以书为业，偏爱吹拉弹唱，结交一些文人曲友，这些志同道合者经常在一起切磋技艺，交流心得。马德平便与朋友们约定，每年正月十三，在他的老家马街举办书会，大家欣然赞同，就这样年复一年，渐渐成了传统。

书会成就了马街，马街承载着这一经年的盛会。从每年的正月初八到十三，来自河南各地以及安徽、河北、山东、湖北、陕西、山西、四川、江苏、浙江等省成百上千的民间曲艺艺人，千里迢迢，不辞辛劳，负鼓携琴，会聚在马街，说拉弹唱，以书会友，弹唱献艺。会上曲艺门类繁多，节目内容丰富多彩，有河南坠子、湖北渔鼓、四川清音、山东琴书、凤阳花鼓、苏州评弹、徐州琴书、河洛大鼓、太康道情等。一时间马街上空，笙竹之声缭绕，说唱之声响彻，引

得周边三五十里的人们，扶老携幼，前来观看欣赏。这就是绵延六百多年而不衰、被称为中国文化史上一大奇观的马街书会，这些来自各地的艺人们，他们拿出自己的看家本领，向人们展示着不同的艺术门类。

马街书会是古代庙会的一种形式，提起中国古代的庙会，人们会联想到"庙"，认为庙就是道观寺院。顾名思义，庙会就是在寺庙附近聚会，进行祭神、娱乐和购物等活动。

《辞海》这样解释："庙会，亦称'庙市'。中国的市集形式之一。唐代已经存在。在寺庙节日或规定日期举行，一般设在寺庙内或其附近，故称'庙会'。"我国是一个历史文化深厚的国家，庙会是我国具有地方特色的一个民俗，这种庙会在我国各地层出不穷，像北京的地坛庙会、上海的城隍庙庙会、南京的夫子庙庙会、河南的火神台庙会及淮阳太昊陵庙会等，这些庙会在我国比较不仅有名气，而且规模大，影响远。

庙会是我国传统的节日形式，反映着民

众的心理和习惯。它的渊源，可以一直上溯到古老的社祭，是人们潜移默化接受积德行善、抑恶扬善教育的场所。元代河北满城眺山北岳庙碑称，人监督人是有时限性的，而神监督人，则无时无刻不在，神对犯罪者的惩罚，对妖魔鬼怪的驱逐，对长时期的社会安定、家庭和睦有一定的作用。

庙会上戏曲演出是主要形式，用戏曲故事向人们进行人伦道德和历史文化知识的教育。在教育不发达的封建社会，多数人不能进学校学习文化知识。人们通过赶庙会看戏，知道了东周列国、秦汉、隋唐、宋、元、明、清等朝代的历史故事，故事寓意着因果报应善恶转承，并贯穿着礼义廉耻、忠孝节义的道德思想，使人们在这一理念中循

规蹈矩，不敢越过道德界线的雷池。庙会上的戏曲文化，对传播中华传统美德起到了不可估量的作用，人们在文化娱乐活动中受到了教育和熏陶。封建社会在我国统治时间很长，农业生产多是以自给自足为主，这种敬神文化活动，也给当地商业带来契机。尤其在是交通闭塞的偏僻山区，庙会是进行物资交流的重要场所，对促进生产、繁荣经济有重要意义。庙会多在农闲的春季、秋前、秋后举办，庙会期间人们除观看文娱演出外，可以在庙会上选购自己需要的生产工具，也可以销售自己剩余的生产物资，借庙会之机，亲朋好友也可相聚联络沟通感情。

马街书会为什么能流传至今？这不仅是因为书会有着书会有着深厚的文化渊源，还与当地淳朴的民风民俗有关。朴实无华的书会，来者不分天南地北，不管你是达官贵人还是平民百姓，你是残疾艺人还是四肢健全者，也不管你是来自本地还是外省，对马街人来说，来者即是客，他们都一视同仁。没有热烈的欢迎场面，没有鱼肉荤腥和酒水的款待，马街人积极为艺人腾房易室，提供粗茶淡饭，凭着自身的一腔热情和几分厚道，给每一位到来的艺人以"宾至如归"的自在感。因为这份自在与不拘束，艺人们今年来了明年还来，书会也才得以长盛不衰。

近些年，随着马街书会的声名大噪，书会更是形成了一种品牌效应。但这里至今没有现代化的舞台音响，也没有色彩鲜艳的幕布，给前来献艺的人们的自始至终只是一片碧绿如毯的麦田。但艺人们仍然乐此不彼地前

来，以天为幕，以地作台，自搭戏棚，自带乐器，在马街村东头青青的麦田里便拉开这一声势浩大的序幕。戏棚一个挨着一个，让人应接不暇，演员们粉墨登场，戏曲精彩华丽，唱腔有浑厚粗犷的，也有悠扬婉转的，一件件简单的乐器奏出不同声音，面对数百台不同形式的曲艺节目，有人形容："一日能看千台戏，三天能听万卷书。"前来参会的有耄耋的老人，也有黄发垂髫的孩童。有家庭成员组合的，有几人结伙组成的说唱团，也有自弹自唱独角戏的，演唱者心无旁骛、聚精会神，他们心中只有戏比天大，无论听者多少，无论大人小孩，一样唱得投入而深情。马街书会不仅是普通百姓的舞台，其中也有名家艺人的身影闪现——中国曲协主席、著名评书家刘兰芳，相声表演艺术家姜昆，河南笑星范军等名家多次前来登台献艺，捧场指导，名家艺人年年造访马街，把书会推向了时代的高潮。

在马街书会上，艺人们的参与形式一是亮书，二是写书。艺人在书会上说唱称为"亮书"，也叫"打擂"；被人请到家里或当场许下定钱叫"写书"，所以每个艺人把能为更多的人写书而被请到家里唱戏，视作一种荣耀和骄傲，当作是至高无上的礼遇。为此，他们都拼命地亮书，拿出自己的看家本领，各尽其才，各显其能，唱得声情并茂，把欢快的戏曲唱得行云流水、悠扬婉转，把悲伤的戏曲唱得如泣如诉、肝肠寸断。亮书在前，写书在后，书会上被人多次叫好、听众最多的戏台往往是被当作写书的对象。旧时那些土财豪主们，有婚丧嫁娶、升官发财、考中举人或进士、喜得贵子，就请这些擂主们到家中演唱一番，有时一家挨着一家接续不断。说书的人为了能长久地唱下去，然后添油加醋，一部书甚至能唱几个月也不停息。这样艺人们也就有了稳定的收

入，生活上也就有了保障，生意自然会更加兴隆，所以亮书是最为关键的一环。

最受当地人欢迎的还是河南本土的戏曲，像坠子书、大鼓书、三弦书等一些曲艺演唱形式。那些艺人们，手拿一副紫檀木的简板，或是一副铜制梨花简，鼓条子在皮鼓上翻飞着。这种简易的说唱形式，没有场地限制，不用化装上彩，上场就唱起来，艺人们或南腔北调，或哑喉咙破嗓，总是把戏唱得韵味十足，在乡下农闲时节里，直唱到鸡叫狗咬、月落星稀才去睡觉。好一个马街书会，成了人们不可缺少的精神食粮，成了人们心目中向往的节日。这是平民百姓的一次盛典，这是中国曲艺艺术的一次大荟萃，是对民族艺术的一次大检阅。永远的马街，永远的书会，但愿这种纯朴的书会得以保留和传承。2006年5月20日，该民俗经国务院批准被列入《第一批国家级非物质文化遗产名录》，成为"河南省濒危民俗文化抢救工程"之一。

为此，赋诗一首赞马街书会：

马街书会有名声，
万千艺人记心中。
千里迢迢来赴会，
为把艺术献民众。
马街书会形势大，
光是艺人数不清。
观看人们几十万，
宝丰当地一风景。
书会内容真丰富，
曲艺门类在其中。
南腔北调全都有，
马街书会展新容。

（宝丰县马街村入选《第一批中国传统村落名录》）

后渣园村95号

郭旭峰 | 文

　　相比大中原其他村落的名字，郏县渣园村显得独特，在现在的云烟里散发出斑驳陆离的气息，这和宋朝一位大诗人崔鶠有关。九百多年前，他曾在这里隐居十余年，种果树、养花卉，风轻云淡，美好无限，遂做《婆娑园》：

> 晚禽噪竹百千翅，
> 残菊横枝三两花。
> 好在山园养衰废，
> 风波不到野人家。

　　崔鶠后重归汴京为官，从山西迁居而来的王姓家族以园建村，自此始称"婆娑园"。明末，园子日渐破落，满目凄惨苍凉，被附近村落叫作"渣滓园村"，也叫"渣园村"。如今再来看看，新村青砖灰瓦，气派亮堂，名曰"婆娑园小区"。而老村依旧叫作"渣园"，在它的黄昏里，我寻找和记录下它最后的遗言。

　　汴洛古道两旁的房子平平仄仄散落在正午的雾岚里，像老人稀疏的牙齿。钱庄、茶馆、车行这些老地方已经很少有人叫得出，年轻人撇下村落去了城市，土地拴不住他们，他们不希望自己身上的土腥气再沾染到自己的娃儿们身上，"呼啦"一声，走得干脆利落。如今在老茶馆这个地方立着两间平房，村里两个吃低保的老光棍儿汉住在这儿，我去的时候，81岁的王金芳蹲在屋里晒太阳，满屋子里堆满他捡的或别人送过来的各色衣物，没有床，睡在打了一辈子交道的土地上，能否听见父

【作者简介】
　　郭旭峰，河南郏县人。

母在深处喊他的小名呢。83岁的王青志正在门外的一个锅里炕馍，手上沾满白的黑的面糊，木柴燃起的炊烟熏着他的黑脸白头发，馍煳了，发出苦艾的味道，看到我，他不好意思地笑笑。日子不疼不痒地碾过他们，尘土塞满皱纹，掩埋掉时光的旧擦痕。

此时，阳光正翻过过腰的院墙，照耀着后渣园村95号。西屋三间，门锁着，半扇门用搭链拉扯着另半扇门，使其不至于倒向漆黑的屋内。光线堆在低矮的窗下，撕开一道道缝隙，似乎想看看幽暗的屋里藏着什么祖传的宝贝。门顶之上一面发黑的镜子，抵挡了无数个邪恶鬼魂，保佑一家平安无事。檐下钉着一排木棍，可以挂玉米，会拖延下来，整面墙金黄一片，这个季节应该最美，如今挂着风声，"呼呼"责问着旧光阴。有两把镰刀插进墙里，和黄土融为一体，麦香消失，再听不到它"唰唰"的吟唱。石磙早不用了，立在墙角，上面落满鸟的粪便，这里是它们的唱歌台。还有扁担和几只箩筐，靠着一棵老槐树，朽了，一动不动，等到倒下的那一刻，如果落地，也是悄然不惊。

在众多婚丧嫁娶的日子之后，后渣园村95号日渐荒芜，最终支撑不住岁月的蒙尘，坍塌下来，柴门半挂，红薯窖废弃，院内草木深。整个冬天，门前杨树上的星头啄木鸟没有停息下来，在我的仰望里辛勤工作，"嘚嘚嘚"，和那年的凿木声一样，充满了激越和尖锐的力量，一下一下，打动我心。沉默的老房子，这些年来，你可曾听见旧时的人们劳动时热烈的声音？

走远了，我重又驱车回来，轻轻取下残壁上的门牌，带回一个家族的印记和标签。擦去灰土，如今放置在书房里，它亮了一下，似乎看见渣园的老村落在一本书里，嘟嘟嚷嚷，一声一声地喊着95号。

（郏县渣园村入选《第一批中国传统村落名录》）

走进丁李湾

汤 兴｜文

走进民俗民居村丁李湾，就走近了一段历史。

丁李湾古村落，位于豫南大别山腹地河南省信阳市新县八里畈镇，2003年被河南省确定为民俗民居村，2012年被国家住建部首批公示为国家级传统村落。

据载，丁李湾有可考的历史在七百年以上。清朝中期，丁李湾李氏家族兴盛时期始建李氏庄园。顺治年间，光州人丁思聪入赘丁李湾李家为婿，后来这村庄便被叫作"丁李湾"。丁思聪共有八子，在此置地，富甲一方。清代嘉庆中期丁李湾达到鼎盛，现存的村里八字形门楼便是明证。八字形门楼即是身份和地位的象征：只有七品以上的官宦之家才可以修建这种门楼。据说，村里的这户八字门楼的主人叫李维平，在清中期曾任四川广安知府；民国时期，丁李湾几个大户拥有年产百万石稻谷的良田，其田地几乎遍布今日新县、光山的各个乡村。

丁李湾村庄内圆门斗拱、雕梁画栋的装饰风格，是不可多得的具有豫南特色的古民居建筑群。走在江淮水乡的青石板路上，穿过幽深狭长的古老弄堂，品尝江淮人家泡制的大碗茶，聆听那田野上青年女子的民歌对唱，在村边小河或池塘边欣赏粉墙黛瓦，在清代建筑群里体验古老民宅一夜水乡的梦……丁李湾，让我意外领略到了"吴根越角"原汁原味的神韵。这绝无仅有的烟雨长廊、似曾相识的江淮水乡、风轻雨柔的拱桥小巷，至今让我回味无穷，犹似喝了一坛醇香美酒，那香味久久存于心间。

丁李湾，是一座"生活着的数百年古村"。它以弄多、廊多，古老、淳朴、清净而吸引着诸多省内外游客和好奇者。她本是一座寂寂无

【作者简介】

汤兴，河南新县人。现供职于河南羚锐制药股份有限公司。

名的江淮水乡，因为2011年7月拍摄的首部反映中原新农村题材的30集文化喜剧电视剧《兵法乡村》前20集在此取景，渐渐声名远播。相比宏村的山清水秀、周庄的小桥流水，丁李湾的历史不过数百年，但这里拥有斑驳的白墙、缀绿的灰瓦。而由于独特的地理环境，使得这里的建筑风格呈现出南北交融、东西互渐的特色。

豫南大别山地区，依山就势、背山朝冲的村庄格局比比皆是，丁李湾的古建筑也是如此；又因雨水丰沛，这里的房屋大多有天井，以利于排水。这里的民居建筑特别讲究趋吉避凶的风水理念，注重遵从风水之说，使得"财不露外"，体现出用智慧积聚财富的追求，其建筑风格既具有北方宅院的粗犷风格，也含有徽派建筑的婉丽清雅，呈现出一种多元的文化色彩。这里的山水更与建筑融为一体：依山傍林、山环水绕、青山绿水，以人为本、天人合一的建筑理念得到充分体现。

作为鄂豫皖苏区首府和河南省十个文化改革发展试验区之一，新县具有得天独厚的红、绿色资源优势，境内有鄂豫皖苏区首府革命博物馆、鄂豫皖苏区首府烈士陵园、中共中央鄂豫皖分局旧址等国家和省重点文物保护单位二十多处，文化资源十分丰富。

近年来，作为全国爱国主义教育示范基地、中国人居环境范例奖城市、国家生态示范县、全国休闲农业与乡村旅游示范县，新县抢抓国家大力扶持红色旅游资源开发的良好机遇，以"红"带"绿"，以"绿"促"红"，着力转变经济发展方式，大力发展文化旅游产业，"红城新县""将军县新县"的知名度和美誉度进一步提升。

丁李湾，我的梦里水乡，我的烟雨江淮，这里有江淮水乡的韵味，这里有小桥流水人家的绝色美景。

（新县丁李湾村入选《第一批中国传统村落名录》）

遇见西河

王姝｜文

人们都说西河古村落很美。新县以东，驱车二十多公里进山。粉色野樱桃花在林海茶山间跳跃。山势蜿蜒，风清爽起来。

那村·原味

西河村三面环山，苍劲的树木伸出所有的枝干，一把抓住鸟叫、虫鸣、天上的云彩。初春，枫杨、银杏、麻栎树、板栗树……都在不动声色地绿。村头的山因形状酷似一头静卧的狮子，故名"狮子山"。

当地村民说，过去家家户户门前挂有铃铛，每年惊蛰前后，即使无风无雨，铃铛也会叮叮当当响几天，大家管这叫"狮子摇铃"。震慑于"狮子"的威力，每逢年庆，人们只舞狮，不舞龙，避免龙狮相争。

村落依河而建。穿过小桥，身后一片哗哗水流声，屋舍倒映其中。房子大都是古的，不是做旧，是真正的旧：青砖的颜色是斑驳、不匀称的，黛瓦也是。风吹旧门上的红漆得半个世纪，雨打掉土坯墙上的一块泥得百年。

沿着青石路往前走，一棵巨大的枫杨惹人注意。树干已空，两个孩童躲在里面捉迷藏，树木却坚韧地活着。村民说，这棵树已有七百余年了，村里的人都在树下乘过凉。

枫杨树旁是"张氏焕公祠"。这是清朝乾隆时期的建筑，圆门斗拱、朱漆大梁。门墙的青砖上，雕刻着"福禄寿""穆桂英挂帅""空城计"的故事，做工精致，人物眉目传神。祠堂有两层，二层正中央供奉着张姓始祖，周围放置着一些村民提前为自己准备的棺材。村里红白喜事，都要来告知祖先；遇到矛盾，也要请有声望的人到这里帮忙解

【作者简介】

王姝，媒体记者。

决。这种宗亲关系，是数百年来维系整个村庄的纽带。

沿着不断输送山泉水的古明渠，我们来到后山。刚过完正月十五，村民为已故亲人送的灯在田埂上闪烁，保护蜡烛的塑料薄膜上，写着思念和祝福。山上的齐天大圣庙，是全国唯一供奉齐天大圣孙悟空的庙宇，初一、十五香火最旺。庙宇附近，一位村民正拖着大麻袋，回收燃放过的鞭炮纸箱，烧纸的灰烬摞起来有一米多高。

下山，接近正午。山下掩映在金色油菜花之中的房屋上空，炊烟袅袅。

在一户农家吃饭，热情的村民端上丰盛的过年菜：腊肉、腌鱼、竹笋、野酸菜……还有最诱人的柴火饭和米汤。及腰高的小娃娃，不停从厨房端来煎好的糍粑，腼腆地询问要不要再来一盘。这些食物都是就地取材的，带着深山里惯有的咸鲜滋味。

那人·守"拙"

和很多村落一样，西河村里的年轻人也大多出门务工了。88户412人口，233个青壮年劳动力，仅有69人留在村里。2013年合作社对土地进行流转后，村民几乎告别了靠天吃饭的日子。家里养头猪，养几只鸡，整一小块地种着，也就够吃了。

72岁的张孝学正在房前的菜园子浇菜，和他聊两句，一定要我们"进屋坐坐"。他的妻子李立荣正坐在院子里晒太阳，忙冲茶倒水："自家的茶叶，看看怎么样。"山茶清香。

院子干净，种着一棵栀子树，一棵红果冬青，柴火、锄头等整整齐齐码在墙角，门前晒着姜片，木椅上的雕花很精美。李立荣说，这把椅子她记事起就有，至少有百年历史了。

村民对山外客的热情，达到十分敏感的

程度。在村民张孝松家，他嘱咐妻子泡茶，慌慌张张地从里屋拿出一盒未开封的烟，见我们起身，连忙站起来，赶忙询问是哪里招待不周。

张孝松今年66岁，四百多年前，他的先祖们从江西迁居过来。"这儿多好，有山有水，这房子，就是破了我也是爱住！多活一天也舒坦！"

山里生活简单，村民知足常乐之余，也会寻找一些乐趣。73岁的张孝美，是村里有名的"书画家"。他的家里挂满了各种字画，花鸟虫鱼，男女老少，全凭对自然的观察和想象。张孝美自幼喜好书法，这两年琢磨着就画上画了。"我把画挂出来，让来咱这儿的人都看看，评价评价！"老爷子乐呵呵地说。

阳光正好，村民韩起珍一边和邻居唠嗑儿，一边晒鞋垫。鞋垫是手工制作的，燕子、鱼、凤凰、猫、山茶、牡丹、牵牛……每一双都不重样儿，无论是神态形状还是颜色搭配，都堪称艺术品。不像一般绣花鞋垫，装饰的部分并不突出，摸起来非常舒适。韩起珍告诉我

们，这叫"割花"，一双鞋垫放在一起，用粗针照着绘制的模板绣，然后用刀子分开，把起球的部分一点点割掉。制作一对这种割花鞋垫，需要一周时间。费神费力，那是娘给女儿准备的一件嫁妆。

不远处，一户人家正在敲锣打鼓舞狮子，引得一群老人、妇女抱着孩子去看。一阵热闹后，人们流着汗，切磋技艺，开着玩笑大声笑起来。

简史·守着阳光过日子

张氏祠堂中，清乾隆二十一年（公元1756年）族谱证明着这个村庄近五百年的历史。元末明初，一支张姓族人从江西省饶州府瓦屑坝迁入西河大湾，后形成村落。最初的迁徙是为躲避战乱，抑或躲避饥荒疾病，已无从考证。

村民喝泉水，吃茶油，享受着齐天大圣的庇佑，尊师重教，渔樵耕读，道光和咸丰年间，出过张瀛、张潮这样正五品衔的官员。

历史的车轮不断转动。这里粮仓铁门上

镌刻着红色星星，白墙上的"防火、霉变、防事故"昭示着新中国成立后大生产的激情年代，与河对面的古村落形成一种"时代的对话"。

城市飞速发展，人们将视角投向村庄。"美丽乡村""古村落保护"的提出，"英雄梦·新县梦"的启动，使得这座早已废弃的粮仓被改造为粮油博物馆、西河餐厅和村民活动室。这是中央美术学院、清华大学的建筑专家与当地政府、村民共同建造的，以木材、棉布等原始素材做原料，带有鲜明的设计美感。

这个有五百余年历史的古村，终于和现代文明相逢。

去年国庆节，一下子就来了四五千名游客，把这个村庄惊住了。村干部临时搭了一些帐篷，供游客居住；住不下，村民们就主动把他们引到了家中。

村民张因贤接收了从郑州过来的一家五口人，他们居住两天后离开，没过多久又来了一批人，原来是之前那家推荐过来的。"家里还算宽敞，孩子们都不在家，我和老伴也怪冷清的，来人热闹！"张因贤乐呵呵地说。

他家对面的李淑莲老人，也热情地接待着客人们，曾孙女小乐希跟客人混熟了，在他们中间跑来跑去。客人临走时要付一些住宿费用，被李淑莲坚决拒绝："农村条件不好，城里人来玩我们多高兴，怎么能要钱？要钱多丑（不好意思）！"

村官张雯带着一丝无奈说："这里的村民，对于市场经济还是很陌生。跟他们说搞个'农家乐'，可以赚一些钱，都说不好意思；我们想做个示范，摘了山上的银杏、野猕猴桃去卖，村民乐呵呵地说居然能卖钱，请他们做又不愿意了！"

在这种数百年不变的环境下，面对一种变化万千的情景，需要一个适应期。可以想见，这些在山中苍老岁月，又被自然滋养以天然馈赠的村民，正在经历着一个前所未有的阶段。

（新县西河村入选《第一批中国传统村落名录》）

茶道西寨

闫孟超 | 文

　　明末清初时期，晋商开辟了一条从武夷山到俄罗斯恰克图、长达五千余公里的茶叶贸易路线，这就是历史上与"丝绸之路"齐名的"万里古茶道"。河南平顶山郏县有一个西寨村，便是这条"万里古茶道"上的一个驿站、结点。

　　去西寨之前，我对西寨的印象仅仅停留在这个印象上。因不喜茶，对冗烦讲究的饮茶之道更是不甚了了，所以，尽管早已去过距西寨不远的神垕、临沣，甚至连"广阔天地"都去了，却终因各种各样的缘由，与西寨未能相拥入怀。

　　2014年年底，一同事的父亲去世，单位组织去奔丧，没想到那同事是冢头镇人，而西寨村就在冢头镇。去往冢头的路上，车上一特懂历史的老同事给大家讲起了西寨的历史。

　　西寨村为千年古镇冢头镇的中心。冢头镇因汉文帝之母薄姬葬于此而开始兴盛，慢慢成长为远近知名的商业重镇。至今仍保存着闯王阁、蓝河七孔桥等明清古建筑，一砖一瓦都蕴含着历史故事。看来，这西寨村并不仅仅只是我印象之中的茶道之村。

一

　　奔丧之后，我们一行顺路去了西寨，我也算是与西寨有了第一次的亲密接触。

　　西寨位于现冢头镇的西侧。去往西寨的路上，远远地，我们看到在村北有一尊高大的、雪白的仕女塑像，同行的老同事说，那便是薄姬的塑像了。雕像身后的一片麦田里，有两个硕大的冢头异常惹眼。那便是

【作者简介】
　　闫孟超，河南郏县人。现为山东省某报社记者。

薄姬冢了，也称"薄太后冢"，是一座汉代古墓。据说，当时薄姬下葬时，一夜间13个冢头同时建了起来，只为混淆视听，以防盗墓。如今这里还剩下这两个冢头。

据《郏县志》记载："汉薄后，郏人。"薄姬是当地美女，秦末被自立为魏王的魏豹纳为妾。楚汉战争之初，魏豹被韩信、曹参所败，薄姬也成了俘虏，被送入织室织布。刘邦见薄姬颇有姿色就纳入后宫，薄姬为其生下长子刘恒，即后来的汉文帝。

薄姬有一次路过西寨村，发现此地"黄阜蓄锐、蓝溪藏精"，意欲百年后葬身于此。薄姬死后，汉文帝刘恒遵照母命将其灵柩在蓝河之滨埋葬，并建造看墓院，派军队驻守保护，朝中皇亲国戚、达官显贵年年都来谒拜。冢的南边慢慢有了集市、酒楼、饭庄、货栈、商号由此而兴，逐步发展为数百户的繁荣冢头镇。

二

在薄姬冢，我们并没有下车，而是直接驱车到了西寨村。

眼前的西寨，乍一看，跟一个繁华的普通乡村并没什么不同。然而，走进村里，闯王阁、七孔桥、清真寺……那些飞檐斗拱、青砖黛瓦的古建筑会一下子把人拽进了另一个时空。

古水蓝河穿村而过。河上一座七孔红石桥为明朝嘉靖年间所建，已经有约六百年的历史，至今桥面仍然可以通汽车。古桥造型极为别致，桥的整体和局部都以"7"字组合。桥身共有七个大拱圈，每个大拱圈由七个雕刻着图案的弧形石块组成，每孔桥墩由七块巨石作柱，每孔桥下顺水流，水面南、北、中间各纵铺七条巨石，桥面每孔横宽由七块长石条铺成，桥两边的桥栏石柱间隔均为七尺。整个桥身由东、西两条巨龙共驮，龙头朝北，龙头雕刻精致，栩栩如生。

下桥进村，明清时期古香古色的建筑随处可见。在西寨村北边，一座坐北朝南的两层古楼惹人注目，该建筑为明朝举人梁文才的故居，当地人称其为"闯王阁"。该楼为砖、石、木结构，看上去坚固异常，楼高约九米，并配有东西厢房、院墙、大门等。

同行的老同事说，明崇祯十五年（公元1642年）十月，"闯王"李自成在冢头镇柿园中了埋伏，险些被俘。此时天降大雨，李自成不幸得了伤寒，病倒在高庄十方院庙内，危难之时被梁家人发现，便把李自成领到家里，精心照料，熬姜汤让他服下，并让他住在楼上休养。李自成病愈后重整军队，连战连胜，士气大振。

后来李自成二次南下，路过西寨村，不忘当年梁家恩德，多次来梁家看望老人，并在楼屋北墙题诗一首："仰慕举人梁文才，

余里的回程要走，但见老同事如此模样，便也欣欣然地愿意陪他到茶馆里坐坐。

在西寨这样的氛围里，即便平日里不喜茶的人也会被茶香熏得醉掉。

我们这些年轻人簇拥着老同事拐进一家茶馆。说是茶馆，其实是在院里临时搭建的简易房。虽然简陋，但用铁皮裹管连接火炉的土暖气很给力，里面暖意融融。五六个被炭火熏得漆黑的茶壶在炉火上烧着，一堆泡过的茶叶末儿倾倒在炉子旁的木炭旁，氤氲着茶香，十几个粗瓷茶碗放在案子上，这是茶馆专门烧水的地方，只能勉强站下两人。茶馆内黝黑发亮的小桌子旁坐满了打麻将的村民，有的用茶馆的茶碗喝，也有的用自己带的杯子。

待我们寻了位置坐定，一个看上去有六十多岁、头发有些灰白，但精神头十足的老汉，便迎了上来。言谈之间，方知他便是这家茶馆的老板了，姓张，本地人，这茶馆便是开在他自家的院子里。张老板说，在这西寨村，像他家这样的茶馆有二十多家，每

积德行善功千载。身染伤寒遭磨难，梁氏帮我脱病灾。留得强体战重开，旗开得胜明军败。为表老人大恩德，免除劳役皇粮债。"落款为"李闯王"。可惜"文革"时期，原手笔墨迹被刮掉了。

如今，闯王阁已经被修葺一新。粗壮的房梁和古朴的楼梯，都被重新上漆。走进古楼，墙上闯王李自成捉刀的画像，以及屋顶粗壮的横梁，为这座小楼平添一种粗犷的气息。

三

从村中主街一路走过，并没有想象中的茶馆那样大写的"茶"字的招幌飘扬模样，甚至连招牌都没有。老同事便说，这里的茶馆没有城市茶馆的精致张扬，大都隐于农家小院内。若不知道这些，头回来的游客，实在是难以找到这些农家茶馆的。

老同事是喜茶之人，闻见茶香，几乎要迈不开步来。虽然已是下午4点多钟的光景，我们还有百

天人都很多，夏种、秋忙的时节，大家忙了一天也还会过来喝茶。老头儿们瞌睡少，醒得早，起床出门头件事就是到茶馆喝茶。早上4点多就有人来喝茶了，边喝边聊，谁家老母猪生猪娃了，谁家媳妇不孝顺了，喷到七八点回家吃早饭。到了上午和下午，年轻人会多一些。喝茶，已经成了西寨村村民每天必不可少的休闲。一天不来喝茶就心里惶惶，两天不见牌友就手里痒痒。

茶水便宜得很，一壶茶5毛钱，也有1元的，随便添热水，在这里喝一天都中。茶馆里有自动麻将桌，玩一场20元，茶水免费。

说着话，旁边也有茶客晃了晃自己玻璃杯里绿莹莹的茶汤，搭话道："我们这里水好啊，泡出的茶也好喝。我这毛尖都是碎末子，最不好的那种，可用这里的水一泡依然泛绿。"

张老板告诉我们，茶水是从距此一公里外的一眼深井内取的，这眼井挨着蓝河，虽然没有以前的蓝河水好喝，但还是比自来水好喝得多。

蓝河，就是那条穿西寨村而过的河流，源自禹州，后注入汝河。以前的蓝河水清得很，水哗啦啦往前流，水声很响，能听五六里远。河里都是鱼，乌鸦撵着鱼一叫，鱼群在水里乱窜。那时候，西寨茶馆泡茶的水，都是用蓝河水，甘甜。那时候蓝河边的码头上，都是烟贩子，成群结队在码头上歇脚，茶馆都在码头附近，他们到这里后第一件事就是喝茶。只是从70年代起，蓝河水已是污染得越来越严重，不能再泡茶喝了，水中藻类颇多，还漂浮着不少塑料瓶之类的垃圾。

茶喝完之后，我们一行准备打道回府，行经蓝河水畔，一溜儿红石条铺就的小路，宽约两米，大部分红色条石已深嵌入地面。老同事讲，这便是当年的茶道了。我不仅浮想联翩起来，数百年前的此处，竟然是马蹄声声、茶香氤氲，来自四面八方的商人在这里大口吃着香浓筋道的饸饹面，品着蓝河的茶水……

（郏县西寨村入选《第一批中国传统村落名录》）

单 拐 之 行

邵良辰 | 文

2012年7月，在党校学习期间，学校组织了一次红色之旅，目的地就在濮阳市清丰县双庙乡的单（音善）拐村。

单拐村，地处冀鲁豫三省的交界处，可谓是个"三不管"的地方。也正是因为这种得天独厚的地理优势，使得这原本名不见经传的穷乡僻壤成了中共领导的革命根据地。抗日战争时期，这里曾是中共领导的最大革命根据地——冀鲁豫边区的政治、军事指挥中心，至今仍保存有中共中央北方局、冀鲁豫分局、冀鲁豫军区司令部等军政机关旧址。邓小平、宋任穷、黄敬、杨勇、苏振华、曹里怀等二十多位老一辈革命家曾在此工作、生活，见证了老区军民同舟共济、艰苦奋斗的峥嵘岁月。

2012年9月，经国家传统村落保护和发展专家委员会第一次会议决定，将习惯称谓"古村落"改为"传统村落"。传统村落即是保留了较大的历史沿革，建筑环境、建筑风貌、村落选址变化不大，具有独特民俗民风，虽经历久远年代，但至今仍为人们服务的村落。传统村落中蕴藏着丰富的历史信息和文化景观，是中国农耕文明留下的最大遗产。

河南省第一批被列为"传统村落"的村子共有16个，这单拐村便是其中之一。

去单拐的路上，天空一直飘着细雨。但是，好像就在我们下车之际，那雨竟像突然之间便停了。空气里透着难得的清凉，使原本因闷热而导致的郁闷情绪一打而空。

穿过一片旱柳掩映的水塘、广场，一座围墙拱卫的中式大门楼跃入眼帘。由宋任穷题写的"冀鲁豫军区纪念馆"匾额居中悬挂，加上门楼旁立的"全国重点文物保护单位"铭刻，彰显出这里与附近村落的不

【作者简介】
邵良辰，河南濮阳人。《河南法制报》记者，从业新闻业二十多年，作品七十余篇获得省级以上新闻奖，全省法治报业先锋人物，全国优秀新闻工作者。

同。

围墙后成片的瓦屋中，纪念馆建筑与村民的房舍纵横交错，融为一体。事实上，整个单拐村的村民住宅，差不多都算是纪念馆的范畴。纪念馆所用的房子，很多以前都住着老百姓，建纪念馆时才搬出去。纪念馆大门，也是村子的出入口之一。

与豫北、豫西、豫中不少村落古民居高耸、宽阔、进深、精雕细刻的气派相比，单拐村的民居除了相对考究的陈氏祠堂外，很多都是普通的单层坡顶砖木瓦屋，少有门楼、木雕、砖雕同样朴实无华，但风格的一致和布局的齐整，让村子显得干练而有秩序。

漫步在村中横平竖直的巷道上，踩着石头、砖块铺成的路面，看着原生态的老墙、老屋，对习惯了城市生活的人来说，怀旧感油然而生。

紧邻纪念馆大门的，是陈氏祠堂，只是已被改建为"中共中央北方局冀鲁豫分局冀鲁豫军区暨军工史迹纪念馆"。

馆内至今还留存有1945年冀鲁豫军区机关开挖的辘轳水井和使用过的石碾。甚至杨勇穿过的破烂棉鞋、苏振华使用过的铜质脸盆，都保存如初。

陈列品中，保存最好、体格也最大的，要数边区第一兵工厂遗留下来的两台车床了。由此加工出来的70毫米"盖亮式"步兵炮，是解放军兵工史上自己制造的第一门大炮。

祠堂周边的民居，分布着中共中央北方局、冀鲁豫分局（平原分局）、冀鲁豫军区及司令部等部门的办公室旧址，以及邓小平、宋任穷、黄敬、杨勇等老一辈革命家旧居23处，内部陈设依旧。

抗日战争爆发后，身为单拐村人的共产党员陈平，毅然把自家的宗祠——陈氏祠堂奉献出来，作为冀鲁豫边区领导机关所在地和县、区干部的活动基地，并举办了文教干部培训班。

至中共冀鲁豫分局、冀鲁豫军区司令部1944年9月进驻单拐村时，根据地下辖116个县，人口达到了2000万，成为中共领导的最大抗日根据地，单拐村也随之成为其政治、军事指挥中心。

1945年1月，时任中央北方局代理书记的邓小平率领局机关到达单拐，召开了著名的"六六会议"。小平同志在此工作了三个

月，单拐也成为他一生中在河南连续生活、工作时间最长的地方。

其实，当你真正走进单拐村，你会发现，单拐村的历史远非仅仅只是革命胜地。单拐村的历史至少可以追溯到明代，最早是单姓人家定居，村名也由此而来，但后来单家败落，逐渐被从山西洪洞县迁徙而来的陈姓取代。

比如，建于清咸丰元年（公元1851年）、前后两进院落的陈氏祠堂，是方圆十多里形制最为考究、最为气派的家族建筑，代表着当年陈氏家族的兴盛，也代表了单拐村的古民居建筑艺术水平。

单拐村内的众多领导人旧居内，旧式带棚木质大围床、旧式木雕梳妆台、太师椅、条几、黄铜烤火盆、马灯等传统家具保存较多。配合古色古香的房舍，放眼四看，仿佛回到了战争年代。

村内至今保留的衡器、量器、容器和农具不但年代久远，而且品类齐全，成为这处平原地区古村落农耕文明的直观载体。

在中共中央平原分局减租减息展室内，如货架般摆放的斗、升、斛、缸、桶、筐、秤等器具琳琅满目，让人眼花缭乱。

该展室内，还陈列了来自交通银行、中国农民银行、山东省民生银行、满洲中央银行等当时国内流通的货币。

在北方局伙房内，灶台连着床炕，床炕上还放着木条架起的老熥笼。当地人说："熥笼是为了烤衣服、被子，灶连着炕是为了节省柴火，灶台旁加了风匣子，可以让柴火烧得更旺、更充分。"

馆内陈列的千层底布鞋、麻布袜子等解放军物品，一看就是出自农民手工。多台全木质结构的老式织布机，还缠着带棉

絮的棉线，吱吱作响，更是饱经风霜。

即便是现在，与周边村落小洋楼拔地而起的景象相比，遍地老墙、瓦屋的单拐村显得跟不上潮流，以致小伙子娶媳妇都不容易。

但是，老村也应该尽可能保持原来的样子，毕竟这都是祖上留下来的东西，要是拆了，真的就彻底没了。历史遗留的文物，是单拐村最大的财富。

为了在保护这份祖下留下的财富的同时，又能改善村民的生活窘境，单拐村现在采取了易地置换的方式，让部分村民搬至村外，重新建房安家，老房则原样保留下来，用于全国重点文物保护单位的保护和开发。

正是因为有了村民的自觉保护，才使得

那段历史得以此种更加直观的方式为世人保留。如今，单拐村已是国家AAA级旅游景区，并于2006年5月25日被公布为全国重点文物保护单位。

动荡不已的战争年代已经过去了几十年，当地的淳朴的老百姓们始终没有忘记那些大人物曾在这里度过的日日夜夜。如今，村子还是那个村子，房子还是那些房子，一切如旧。过去的都已成为历史，但是，世人是不会忘记那段历史的，不会忘记那些为了今天的幸福生活而当年在此艰苦、英勇奋斗的老一辈革命家们，不会忘记在濮阳清丰，有一个红色的印记，它的名字叫"单拐"。

（清丰县单拐村入选《第一批中国传统村落名录》）

135

饮香杜康村

杨 豪｜文

问世界酒史，唯杜康悠长；称酿酒鼻祖，唯汝阳杜康。

据《吕氏春秋》《博物志》等史书记载，杜康是周朝大夫杜伯的后代，生活在今河南汝阳县城北一个景色秀丽的小山村——杜康村，并在这里发明了秫酒。周平王迁都洛阳后，得以尝到杜康酒，认为口感绝佳，于是将其定为宫中御酒，并封杜康为"酒仙"，赐杜康村为"杜康仙庄"。杜康酒从此名扬天下。

1972年，中共汝阳县委、汝阳县人民政府遵照周恩来总理的指示，在当年杜康造酒的遗址——河南省汝阳县杜康村，建起汝阳县杜康酒厂。而今，汝阳县还根据杜康造酒遗址上丰富的酒文化人文景观和自然景观建起中国第一个酒文化旅游区。如今的杜康村，不仅是一个风景旅游胜地，也是一个中华五千年酒文化的博览区。旅游区以杜康造酒遗址杜康村的杜康仙庄为中心，区划内有12个酒文化自然景点和16个酒文化旅游景点。12个自然景点是：杜康河、酒泉、葫芦湖、刘伶池、樱花园、梅圃、空桑涧、醉仙石、酒泉沟、酒龟石等。16个酒文化旅游景点是：香醇园、杜康祠、杜康酒家、中国酒文化博览中心、杜康墓园、魏武居、古酿斋、七贤遗址、汉代酒窖、魏晋造酒作坊、九曲二仙桥、桑涧桥、慈恩寺、古酒器坊、汉粮仓、汝阳杜康酒厂等。

杜康村，名副其实的杜康仙庄，犹似一坛打开的古酿坊酒，醇香四溢，古韵悠长。

一入杜康村，扑鼻而来的就是袭人的酒香，热烈、浓郁而又缠绵。环顾四周，仿佛每一间房舍、每一块砖瓦，甚至每一簇花草、每一缕炊烟都香气萦绕，让人不及饮酒，已有三分醉意，且回味无穷。

【作者简介】
杨豪，河南周口人。现工作于辽宁沈阳。

　　杜康村东部，有杜康造酒遗址一处。遗址南北长三公里，东西宽两公里。据明朝万历年间修撰的《直隶汝州全志·伊阳古迹》载，杜康就是现在的杜康村。该村三山环抱，一溪旁流，柳暗花明，风景秀丽，杜康河纵穿南北，两岸峡隙，百泉喷涌，清洌碧透。这便是杜康酿酒取水之处，古称"酒泉沟"。据说，为祭祀杜康，自汉光武帝始，建庙立祠，唐、宋、明、清都曾予以修复或重建，后经沧桑巨变，故迹荡然无存。但是，近年来，杜康酒厂、杜康村和杜康遗址修建指挥部在施工和搞农田水利基本建设中，发现了建安时期的酒灶遗迹，出土汉代盛酒的陶壶、陶罐八十多件。仅1989年2月，在这一地区一处遗址上出土古钱五千多枚，其中有秦代的铲币，汉代的五铢钱、大布黄千、大泉五十、货泉，以及唐宋古币等，皆

为难得珍品。此外，原放置在杜康仙庄寨门口两侧，镌刻有"八仙醉酒"浮雕的明代石狮，杜康河旁的杜康墓冢，记载刘伶池方位的清代墓碑和流传千古的"酒树""酒龟石"等，都进一步确认汝阳县杜康村就是当年杜康造酒的地方。

　　1990年，在该处造酒遗址的基础上，汝阳县历时三年，建起了建筑面积五千多平方米，以纪念"酒祖"杜康、弘扬我国酒文化的杜康仙庄。

　　杜康仙庄山门建在凤凰岭龙山之巅，是仙庄的入口处，为三座歇山琉璃屋面门楼，门楼前两侧是三米高的六面石雕座壁，分为"神龟驮樽""康河奇景"等，座上平卧着相传是杜康造酒敬奉的"神物"龙头龟。山门上是中国已故书画大师李苦禅书写的"杜康仙庄"青石匾额。整个山门给人以古朴典

雅、清新悦目之感。山门两旁是一对三米多高、背驮酒壶、仰天长啸的龙头龟。

我走过天下无数寺庙，所见守候庙祠的都是石狮、石虎、石马、石龙，为什么杜康仙庄却用龙头龟守护山门？这其中的酒文化内涵只有"酒祖之乡"的人们能为你解释明白。

传说当年杜康造酒，杜康河上有一个神龟护河保泉。杜康即奉神龟为酿酒的保护神。后来杜康被封为"酒仙"，神龟即成为杜康的坐骑，从此龙头龟就成为酒庙的保护者与杜康酒共存。不须去细看那龙头龟的精雕细刻，单这龟与酒扑朔迷离的关系就足以使人感到酒文化的特殊情趣。

进入山门是杜康仙庄的第一景点——溢满酒味的香醇园。相传杜康造酒闻名于世，博得先皇赏赐，后世奸臣欲采杜氏酿酒秘诀在帝王前献宠，被杜康弟子获悉，即将杜康酿酒秘诀与一坛杜康老酒同埋于龙山之巅，以避劫难，后人遂造坛竖碑予以纪念。据此香醇园内设出大观亭、香醇堂、祭酒坛、酒壁、通玄阁等景观。在这里可一品杜康老酒，一观古人祭酒的壮观场面，看到已数千岁醉骑毛驴的张通玄尸解升天奇景。这里传说张通玄生于尧，到唐时已数千岁。天宝年间他来到杜康仙庄，在凤山之巅连喝三碗珍藏多年的杜康酒而尸解升天，人们为纪念他就在这里建起通玄阁。

走出香醇园，即可看见碧波涟涟的杜康河。据《直隶汝州全志·伊阳山川》云："杜水河源出牛山，会于伊，长十里，相传杜康造酒于此，故名。"杜康河的水源出处过去叫酒泉沟。这里有龙泉、凤泉、虎泉、宝碗泉、酒泉……竞相喷涌，蔚为奇观，素有"一里百泉"之说。这些泉是天愈旱而水愈旺，天愈冷则水愈暖。河中的虾，有红、黄、紫、墨、白五色，而尤以橘红色为多，人称"五彩对虾"。行走时，两两相抱，蜷腰横行，动辄如蟹。在河中游弋觅食的鸭、鹅，吃了这种"五彩对虾"，蛋黄呈橙红色，或多产双黄蛋，是魏晋时期进贡帝王的珍品。现在杜康河上游新建了流水飞瀑，下游新修了拦河大坝，已成为游客的水中乐园。杜康河两岸的土质，也与众不同。杜康

河沿岸是玄武岩，岩下为地壳积压的硬结土块，土色呈朱红色而有光泽，状如猪肝，有香味，可食，百姓称之为"香泥"。地方志载："清光绪三年（公元1877年）大旱，颗粒不收，赖此土为食，拯救一方百姓。"用这种香泥筑酒窖，酒味有特殊郁香。有酿酒知识的人都懂得，水土对酿酒的作用犹如人之血、骨之髓。难怪当年杜康能在这块土地上酿出传世美酒。现在，一些兄弟厂家为了提高酒的质量，不惜耗费巨资，专修公路，组织车辆到杜康村拉土筑窖、拉水酿酒。

杜康河上有一独拱33米的桑涧桥，桥上有18个龙口喷珠吐玉。过了桑涧桥，便见到一巨石——醉仙石。该石酷似石床，又名"仙人卧榻"。传说八仙过海前，曾在醉仙亭饮用被龙女盗去的杜康酒，从此对杜康酒念念不忘。后来，玉皇大帝派八仙下凡，来招杜康为天宫酿酒御师。八仙来到杜康村，仗着自己的海量，指名要喝最好的杜康酒。杜康见他们个个海量，怕把已经酿好的杜康酒全部喝完，便把那能醉人的酒母拿出来让八仙喝。谁知八仙每人刚喝了一杯，便纷纷醉倒，他们踉踉跄跄向村东走去，当走到这块巨石边时，已是烂醉如泥，便纷纷倒在石床上。后来，村民便称这块巨石为"仙人卧榻"。如今在石床上细瞅，仿佛还可看见上面八仙醉卧的身影。

绕过"仙人卧榻"，前面便是背山面水，隐于丛林中的杜康祠。它建于汉，盛于唐。明末遭劫，清康熙五十年（公元1711年）重修，占地百余亩，为唐宋格局。祠中

山门、献殿、角亭、厢房、酒祖殿，高低错落有序，雕塑丰富多彩，结构造型集汉唐之精萃、凝明清之精华，突出了中国酒文化的特色，表现了酒乡人民的聪明才智。

拾级步入杜康祠山门，首先映入眼帘的是一尊三米高的青铜酒爵。一眼清冽澄澈的泉水从爵口汩汩流出。那水传说是杜康九泉之下亲酿的水酒，喝一口能使人悟道解惑，凡来此游览的人总要一尝为快。

经过酒爵再往前走，两侧是"龙吟""凤鸣"重檐四角亭，亭上竖立着《重修杜康祠碑记》。据该碑记载，古杜康仙庄有"八景"，这"八景"是：仙庄晚照、康庙瑞云、康河晨雾、酒树夜雨、酒池散香、酒泉漱玉、醉仙遗榻、鸾凤鸣酒。每一景都有一个动人的传说。如"仙庄晚照"：传说周平王东迁洛邑（今河南省洛阳市）以后，常为国土被异族侵扰而忧愁。杜康后人听说后，特酿美酒一坛进献周平王。平王饮后，振神增食，百忧皆消，龙颜大悦，遂封杜康

为"酒仙"，封杜康酒为"贡酒"，封杜康村为"杜康仙庄"，并御笔亲书"杜康仙庄"金匾一副。杜康后人受封归乡，行至村边时，只见西天晚霞四射，照得御书金匾金光灿烂，把天上地下、远山近水都染成了一片火红色，如同一片燎原大火在熊熊燃烧一般，景象十分瑰丽壮观。从此，每当太阳坠入西天之时，杜康仙庄的上空便呈现出流霞飞彩的绮丽景象。

再如"鸾凤鸣酒"：传说周庄王五十五年（公元前682年），楚王杯酒虏息妫，封为桃花夫人。息妫宁死不从。楚王派人送来重金，让杜康后人造下能醉人的杜康酒，然后用酒灌醉息妫，让宫女搀扶着与楚王拜了天地，入了洞房。第二天，息妫酒醒后，趁人不备，在宫女的帮助下逃离王宫，去寻找自己的丈夫。不料她的丈夫息侯听说她已被迫与楚王成亲，遂投汝水而死。息妫寻到汝水岸边，听到这个噩耗后，也纵身跳入滔滔的汝水之中。后来，他们夫妇二人化作鸾凤

鸟飞栖于杜康仙庄。息侯化为鸾鸟，栖息在杜康河西（现在鸾峪沟）；息妫化作凤鸟，栖息在杜康河东（现名"凤岭"）。每到狂风呼啸的傍晚时分，它们便相对和鸣："酒好，酒巧，楚王无道！"声音非常悲戚，催人泪下。这声声悲歌，提醒杜康后人严守杜康酒德，不为重利所惑，不为重压所迫，不要再造害人之酒。如今，在狂风呼啸的傍晚，你如伫立杜康河畔，仍能听到鸾凤和鸣之声。

杜康祠轴线正中是献殿，献殿内有按杜甫《饮中八仙歌》雕塑的苏晋、张旭、李白、崔宗之、李进、李适之、贺知章、焦遂等"饮中八仙"的彩塑，他们神态各异，狂放醉卧，栩栩如生，给人以许多遐思。杜甫的《饮中八仙歌》这样写道：

知章骑马似乘船，眼花落井水底眠。
汝阳三斗始朝天，道逢曲车口流涎，恨不移封向酒泉。
左相日兴费万钱，饮如长鲸吸百川，衔杯乐圣称避贤。
宗之潇洒美少年，举觞白眼望青天，皎如玉树临风前。
苏晋长斋绣佛前，醉中往往爱逃禅。
李白一斗诗百篇，长安市上酒家眠。天子呼来不上船，自称臣是酒中仙。
张旭三杯草圣传，脱帽露顶王公前，挥毫落纸如云烟。
焦遂五斗方卓然，高谈雄辩惊四筵。

献殿左右为厢房，厢房中有展示"酒功""酒过"的12组群像。"酒功"有"李白斗酒诗百篇""青梅煮酒论英雄""赵匡胤杯酒释兵权""柴荣以酒振军威""彭乐醉勇杀敌""方腊会饮聚义""清照醉酒填词"等；"酒过"有"纣王酒池淫乐""幽王爱酒亡国""杨广纵酒丧命""左贤王昏醉被俘""子反酗酒杀身""文静酒后失言"等。

行走在杜康祠里，从酒祖殿、杜康墓、古酿斋间穿行而过，仿佛穿越了时光，融进了历史。中国白酒发明人，号称"酒祖""酒仙"的杜康就沉睡在这里，使人禁不住满怀的敬仰之情。崇敬之中，那些千古流芳的关于酒的诗词便不禁涌上心头："慨当以慷，忧思难忘。何以解忧，惟有杜康"；"滴滴连有声，空疑杜康语"；"天若不爱酒，酒星不在天。地若不爱酒，地应无酒泉"……

行走在杜康村，我们不能不沉醉。吟诵一首首浸泡酒香的诗句，览观一组组历史的画卷，重温一段段曾经的过往，在沉睡的历史中，饮甘醇的古酿，抒千年的豪情，五千年的酒文化气息，厚重而又浓烈，清醇而又绵长……

（汝阳县杜康村入选《第一批中国传统村落名录》）

走进张良故里

佚 名｜文

　　总希望走遍天涯海角去追逐先人们的步履，游历过长城、泰山、尧山、故宫、颐和园、圆明园、西安兵马俑等著名的风景名胜，即便近在咫尺的三苏园、知青园等土生土长的本地景观也大多留下了我用不安分的步履踩出的或散行或分行的"脚印"，然而，与我仅有举步之遥被众家争来争去的郏县历史名人张良故里却被我遗憾地疏漏了。

　　走进张良故里是缘于河南郏县作协组织的一次"作家走基层"到李口乡张店村张良故里的采风活动。郏县李口乡张店村总土地面积28平方公里，总人口3318人。该村位于河南省平顶山市北7.5公里处马鞍山北麓，郏县县城东南25公里，东临紫云山和襄县接壤，西临大龙山、火柱山和宝丰县交界，北面是汝河。在这里，80%以上的村民都姓张，而更让我感兴趣的是这里的张姓人都尊张良为先人，都与张良有着千丝万缕的联系，而张店村保存完好的明、清以及民国时期的古建筑更是让人目不暇接——有大型官邸、民居宅院、祠堂等，建筑面积约7100平方米，村子周围还分布着汉留侯庙、《留侯祠铭》石刻等历史文化遗迹。

　　张良何许人也？他为何能留下如此气派、如此抑扬顿挫积淀沉郁而又脍炙人口的神奇传说？

　　张良（？—前186），字子房，西汉杰出的军事谋略家，与萧何、韩信同被称为"汉初三杰"，被封"留侯"，谥"文成侯"。据正史记载，他曾经与韩信一同整理了春秋战国以来182家军事著作，还根据实际需要删定35家，开创了日后兵书整理注释的先河。张良辅佐刘邦成就西汉大业，功成退隐。汉代在其故里就建有张良庙，又称"留侯祠"，张良的后裔也多有贵族，其后裔一支明初寻根问祖，迁返故里，守护张

良庙，四时祭祀，现今居住在张店村的张姓村民大都是他的直系或旁系。

张良善隐忍，颇有些大智若愚。张良早年曾袭击秦王，未遂，不得不逃匿于下邳（今江苏睢宁北）。一天，张良闲步走到沂水圯桥头，遇一粗布短袍的老翁，此翁走到张良身边时故意将鞋脱落桥下，并傲慢地让张良为其捡鞋、穿鞋，张良都一一照做。老翁遂又约张良五日后凌晨再到桥头相会。藉此故意提前来到桥上连番作弄羞辱张良，曰："与老人约，为何误时？"第三次，张良索性半夜就到桥上等候，其诚肯和隐忍精神终于感动了老人，老人送给他一本《太公兵法》。这位老人就是隐身岩穴的高士黄石公。得到黄石老人指点、精研此兵法的张良，为刘邦完成统一大业发挥了重要作用，成为其主要智囊。刘邦称他"运筹帷幄之中，决胜千里之外"。刘邦封功臣，封张良三万户。张良以与刘邦初遇于留，遂求封留，刘邦遂封张良为"留侯"，遂功成身退，千古流芳。这就是行走在历史与传说中

的张良。

由于历史原因，张店村的明清古建筑现存完好的不多了，比较完整的是"西官宅"和其东西跨院（五进院），共有房舍187间。其中"西西盛"和"西官宅"相接（二进院），是明末清初所建。明代建筑"提督府"现存明清古建筑共计296间（大房七处，三层楼一栋）。原占地60亩，集中在村庄西半部，以四合院为单院，一进进向后延伸，在一个中轴线上。建筑群多以砖石、木架、小蓝瓦盖顶，房基都是红石。以石刻、砖刻（雕）、木刻（雕）为装饰；屋脊都用砖刻莲花图案，房上的五脊六兽，前屏多用透花木刻，庭台及柱脚采用石刻，屋内大方砖铺地。透花方形和圆形石刻窗及石刻门槛等，别具特点。

但令我称奇的是，当我们走进张良故里张店村的时候，看到被导游称作古代"停车场"的地方，实际就是一排固定在房基处裸露在外面的拴马石，更令人称奇的是这些明清古建筑里大都还住着庄户人家，墙壁上像战利品一样挂着的玉米棒子、像鞭炮一样挂着的火红的辣椒，庭院里闲庭信步着鸡鸭牛羊……颇有几分原初的乡土气息，这显然和我游历过的那有些做作出来的景点有所不同。甚至连给我们做解说的业余导游也显得颇不专业，在随意中偶尔讲些游离在张良故里边缘的传说和笑话，但更多的还是讲关于佐证张良故里真实性的实物

参照。

在这里，随处可见的秦砖汉瓦，有些随意躺在地上的汉砖上还栩栩如生地刻有汉时的龙鸟纹饰，我也看到其古代建筑所用的砖也并非清一色的汉砖，与多样的不同年代的古砖混合垒砌在一起，这显然是经过不同时期翻修过的房子，这就更说明房子的主人居住历史的久远。

在这里，有三处历史痕迹引起我的好奇与关注，其一是2006年2月，张店村村民张振洋在挖自家地基时挖出的一通毛糙的隶书汉代红石碣，石碣上刻有一段非同寻常的文字，这文字是考古或历史学家见证张良故里的铁证，我让导游将这段文字传到我的QQ里——"亮携元直，建安六年，踏贤宗，观地势不严，然清净秀逸，乃龙凤之地。拜留侯，仰其像不威，然运筹帷幄，决胜千里，成帝王之师。吾辈叹之，敬之，效之。"专家们认为这是东汉末年在平山脚下隐居生活的诸葛亮和其好友徐元直于公元201年拜访留侯祠庙后留下的纪事碣。遗憾的是如此珍贵的历史文物，又被发掘者重新埋入地下隐匿起来，让人遗憾地无法观瞻到这一旷世"奇石。"

其二是在寨外，有张良养马、训马、洗马的遗址。马鞍山顶筑有五龙寨；山上有魁星楼、咣当石（人踩其石能发出响声），还有河洛图、石观音、古石刻等；有三神（黄帝、优仪、神农）庙、张良品箫处等遗址；并广泛流传着与双龙岭、狮子岭、卧虎岭、芝河等相关的一系列美丽传说。

其三是一处古宅前有一块很不起眼儿的铺地红条石，上面有一个很奇怪的图案，据说是张良阵（俗称"摆山阵"）。据导游讲，张良阵是张良研究兵法时设下的阵，后人依据这个阵势逐渐演化出了今天的象棋，张良阵阵势很复杂，如今在张店村，无论大

人小孩男人女人，都会依张良阵对垒，只是对垒的阵势是变通并简化了的张良阵。

此三处历史痕迹为张良故里的真伪提供了实物参照，据《后汉书》载："张良出于城父。" 另据《史记正义》引《括地志》载："城父在汝州郏城县东三十里。"唐代司马贞《史记索隐》称："张良故里距郏县东出三十里。"《辞海》（1980年版）称张良是郏县人；国家文物局古建专家罗哲文在《中国名祠》一书中，称张良是郏县人。

在采风中，我们发现有一处清代建筑的房檐，木雕图案十分精美，但在精美的图案间隙，有明显的泥巴痕迹在上面，问其缘故，导游给我们讲了一个真实的故事。"文革"期间，民兵烧毁了大量精雕木质文物，仅牌匾就有几百块，时任郏县公安局局长张振国的父亲为了保住自家"国宝"老宅，就冒着被批斗的风险，用泥巴将精美的木雕通体糊了起来，才避免了木雕遭到彻底破坏。木雕下藏匿着一个个生动的故事，而那个远去的善待文物的老父亲却用他的故事为人们留下了对历史和艺术最真纯的美好情感。2005年春，河南省政协副主席路育才到张良故里考察时说："我所见到的其他地方同期的建筑和这里相比，这里的档次、品位高，比较集中，规模大，保存比较完整。"

张良故里是一张含金量很高具有深厚文化底蕴的耀眼的文化名片。张良的足迹有多大，智慧有多大，他的光芒就有多大，所以，现在对张良故里、张良墓乃至张良庙跨省、跨地区的炒作与争夺正如火如荼中，张良是远去的历史的背影，他的故事及足迹可谓遍布了西汉时期的版图，谁去炒作都会有他的理由和历史的渊源，而历史有时是似是而非的云烟，而张店村村民张振洋挖出的诸葛亮和其好友徐元直留下的纪事碣就为张良故里的真伪提供了拨云见日的实证，历史的

但远去的张良是有些沧桑了，这确是一处历史文化积淀深厚、尚待开发的宝藏，在全国都在追逐做大做强文化旅游产业的时候，沧桑原始的张良故里是否也该亮出自己的名片，不然就太对不起沉寂了数千年颇有些孤独寂寞的张老先生了。好在郏县相关部门已经着手规划对张良故里之古建筑如红石古寨、留侯祠、魁星楼等古迹的修复工作，据介绍，修复将依据相关资料记载及现存古建遗址进行，做到修旧如旧，恢复原有面貌，对一些年久失修、部分已倒塌或人为拆除的明清古建筑，进行整体修复，并迁出现住居民。

蓝图已经画好，关键是落实的行动，使其快速地加入到如三苏园——知青园——临沣寨等所在的文化旅游产业链，让文化搭台，经贸唱戏，让郏县的铁锅、饸饹、红牛肉、东坡酒等地方特像陕西延安的狗头枣一样留住游客的脚步，还可以再开发些与各景点相关的如纪念章、纪念封以及文物介绍性的书籍等等。故建议大家不妨多到知名的景区转悠转悠，既饱眼福，又开眼界、长本事，赶紧把郏县的旅游名片做"靓"起来，使郏县的财政腰包鼓起来。

这话似乎扯远了，但作为热爱行旅的"行者"，走进张良故里，说了这么多"闲话"，我却一点儿都不感觉多余。

（郏县张店村入选《第一批中国传统村落名录》）

巨人虽然远去了，但他留下的生存痕迹仍在。刘邦逐鹿中原时，平顶山处在战场的中心，张良曾"引兵从沛公，下韩十余城，击破杨熊军"。在鲁山县城东南有张良镇，张良镇西北不远有萧何村和韩信村，两村与张良镇成掎角之势，据说是张良、萧何、韩信率兵驻扎的地方。在郏县李口乡有张店、大张庄、小张庄等多个张姓村落。大张庄村中仍有张家祠堂，在留侯祠内有张良塑像和其父亲、祖辈的牌位。正是因为有着如此丰厚的历史遗存和实物参照，在第三次全国文物普查中，国家文物局古建筑专家、中国文物学会会长罗哲文到张店村并题词："西汉留侯张良故里。"同时张店村还被建设部命名为国家级"历史文化名村"。

当然，我对张良故里的了解还仅仅停留在感性的层面上，张良故里就像一块还没被雕琢的天然的翡翠毛石，正待着具有天才的艺术家雕琢一样，如今，它仍平静地坐视着"真假孙悟空的表演"，一会儿颔首微笑，一会儿谋略家一般陷入沉思，以一种淡定的心态洞察着世态炎凉。

阳光照进地下的古朴栖居

靖哥儿｜文

地坑院又叫作"天井窑院"，是古代人们穴居生存方式的遗留，被称为中国北方的"地下四合院"，距今已有约两千年的历史。如今"穴居"地坑院在河南省三门峡市境内保存较好，特别是陕县西张村镇的庙上村，据说有"进村不见房，闻声不见人"的奇妙景象，其中较早的院子有二百多年的历史，住了六代人。

黄土高坡孕育的穴居文化

塬，这种地貌在河南其他地区并不多见，它原指我国黄土高原地区因流水冲刷形成的一种地貌，呈台状，四周陡峭，中间平坦。在陕县，这种地貌十分常见，它们由厚为50米—150米的黄土构成。而黄土则是在早更新世、中更新世和晚更新世堆积而成，主要由石英和粉沙构成，土质结构十分紧密，具有抗压、抗震等作用，为挖掘地坑院创造了得天独厚的条件。打开陕县地图可以发现，一个这样的塬可以覆盖一个乡镇，甚至覆盖两个乡镇。陕县近百个村落的近万座地坑院，就集中分布在东凡塬、张村塬和张汴塬三大塬区上。

这三大塬区，正处在仰韶文化遗址上，在这些塬上的人马寨、庙上村、窑头等地，都有仰韶文化遗迹发现。而仰韶文化时期，正是人类穴居文化的成熟阶段。

地上世界，世下世界

我们要去的庙上村，就坐落在张村塬边缘，它隶属西张村镇。

一条布满碎石的土路，把我们送进这个闻名已久的村庄。地面上

【作者简介】

靖哥儿，河南郑州人。媒体记者。

挺拔的瓦房和村口聚集聊天的人群，让我们怀疑走错了地方。地坑院村不是"见树不见村，进村不见房，闻声不见人"吗？

"1990年以前，还是你想象的那样，但以后不少人陆续搬了上来，形成了地上地下两个不同的世界。"在村口闲逛的张世固老人说。

青砖灰瓦，枯树绕墙，闲唠的人群、欢叫的牲畜，这和中原其他村庄的冬日景象并没有什么两样。这是庙上村地上的世界。

"想看地下世界，我带你们转转。"张世固说。他带领我们先看了"庙上天井院度假村"，这个度假村有五个相通的地坑院组成，考究的门窗、高挂的灯笼、崭新的布局，显然是重修的结果。与度假村相邻，还有六七座类似的地坑院，是陕县旅游局正在修建的景点。

我们更感兴趣的还是有人居住的院落。在度假村北边和东边，还有三四十座住人的

院落。这些院落大多呈十三四米的长方形或正方形，深七八米。探身下望，可见每个院落大多有八孔窑洞。据介绍，这些窑洞分主窑、客窑、厨窑、牲畜窑、门洞窑和茅厕窑等。主窑多为九五窑，宽三米，高三米一；其他窑为八五窑，宽两米七，高两米八。主窑可见三窗一门，其他窑则二窗一门，茅厕窑和门洞窑则无窗无门。

与地上世界的热闹喧嚣相比，地下的地坑院落则显得十分静谧。虽然是正午做饭时分，但地坑院里却很少听到人声，安安静静的景象，仿佛让人进入了一个隐秘的世外桃源，只是通向地面的烟囱冒出的炊烟，说明院落里还有人居住。

三年始成一院落

穿过十几米长的门洞，我们一路下行来到村民张留振的院子里，像进入神秘地道的一次探险。这种进入院子的方式，对习惯

于地面生活的人来说，不失为一次奇特的体验。

站在院子里，望着开凿的七八孔窑洞以及阔大的深深院落，很难想象挖出这样的一个地下院落，要花费多少人力。

据张留振介绍，这样的院落一般占地一亩到一亩半，相当于地面住户宅基地的三到五倍，开挖一个这样的院落，一家人连续干上两三年才能够完成。

工程从挖坑开始，坑挖好以后，再在四壁开凿窑洞。窑洞一般开凿成高三米左右、宽四米左右和深十米左右。窑洞两米以下的墙壁为垂直形，两米以上至顶端为圆拱形。一个院落的窑洞并非一下子开凿出来，而是根据人口的增加或者农闲时间的安排，逐年开凿的。

挖好窑洞，还需要做一系列的防渗和排水措施。地坑院的附属设施基本上都是从这两方面考虑的。窑洞的窑脸（窑洞的正立面）不但开有窗户，还要用泥抹壁，而且基座要用青砖垒成。院子四周用一圈青砖砌成，东南角挖成一个四五米深、直径一米的水井，井底垫上炉渣、井口盖上青石板，用于蓄积雨水和排渗污水。

此外，在地坑院与地面的四周还要砌一圈青砖青瓦屋檐，用于排泄雨水；而屋檐上则砌起一道四五十厘米高的拦马墙，可防雨水，可保地面行人安全，也可作装饰用。

在整个院落里转上一圈，这种匠心独运的构造，不能不让人赞叹民间智慧的伟大。

院落里的风水秘密

坑院深深，站在院中央，可以感受天人合一，也可以不时发现深藏的风水秘密。这也是地坑院最讲究的地方。

张世固说，地坑院的建造，是关系到家庭兴衰的大事，因此在动工之前的选址

中，必定要请风水先生看宅子，造地形，定坐向，量大小，下线定桩，选择吉日动工。对地坑院基地的选择十分讲究：一般都选择宅后有山梁大塬的地方，谓之"靠山宅"，意思是"背靠金山面朝南，祖祖辈辈吃不完"；而很少选择临沟无依无靠的地方，这样的地方被称作"背山空"，寓意"背无依靠，财神不到"，很不吉利。

地坑院在建造过程中，受阴阳八卦的影响也很深。在动工前，必定要根据宅基地的地势和面积，按照阴阳八卦的方位决定院落的形式。

依据正南、正北、正东、正西不同的方位朝向和主窑洞所处的方位，地坑院分别被称为东震宅、西兑宅、南离宅和北坎宅。其中，东震宅被认为是最好的朝向，在庙上村，不少人家选择的就是这种朝向。在考虑阴阳八卦的同时，还要考虑宅子与宅主的命相是否相生。

张世固家院落的朝向是西兑宅，呈正方形，主窑在正西，厨窑在西南角，客窑在西北角、北面窑及南面窑偏西角，东南角和东面为五鬼窑和茅厕窑，东北角为门洞窑。

"还有很多的讲究，复杂得很。我也说不完全。"张世固说。

沧桑传承的历史断裂

庙上村的地坑院，大多有一二百年的历史。较年轻的几座，建造于上个世纪五六十年代；最后的一座则挖掘于1976年。很少有人能够确切地说清自己的院落建造于什么年代，他们唯一能够回答的就是"祖上传下来的"。

今年65岁的陈丹果，自20岁从邻近的张寺村嫁到庙上村后，已经在自己的院落里生活了45年。她不知道自己的院落建造于什么年代。她估计最少也应该有二百年了，因为

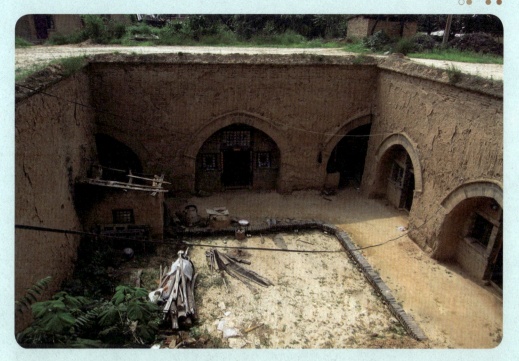

她嫁过来的时候，听村里的老人说，她家院落上面的一棵柿子树，已经有一百多年了，而那棵柿子树，则是他们家挖好院落后才栽上的。

像陈丹果一样，20世纪90年代以前，庙上村所有的村民代代恪守祖业，安居于此，终老于此。但到90年代初，随着两三户人家尝试搬出地坑院以后，整个村庄开始"蠢蠢欲动"，终于在上世纪末，形成搬离高潮。如今仍然居住在地坑院的，基本上都是老年人和无力在地上建造新房子的人。

"形势所逼啊！不搬出来儿子就娶不到媳妇！"谈起三年前从地坑院里搬到新盖的瓦房里，村民张邦栓一阵感慨。张邦栓说，正是这种风潮的兴起，不少地坑院被废弃和大量填埋。据了解，在整个陕县境内，每年有数百个这样的院落正在逐渐消失。

在现代文明的强大冲击下，这种独特的民居，正面临着尴尬的生存挣扎。

为了拯救这种独特的民居，河南省文物管理局于2005年4月将庙上村地坑院建筑群列为省级文物保护单位，规定在庙上村禁止废弃、破坏和填埋地坑院，并将其列入"河南省十大抢救工程"和"十大民俗经典"。

在探索保护路径上，当地政府也开始进行有益的尝试。他们投入60万元资金建立"庙上天井院度假村"，提供吃、住、玩、乐一条龙服务。在这里，可以赏民居、品尝当地婚宴"十大碗"的民风民俗，不失为一种淳朴的体验。

在开发和保护上，庙上村也许是一个特例。其他村庄能如此幸运吗？

（陕县庙上村入选《第一批中国传统村落名录》）

踏访小店河

王春明 | 文

在河南卫辉境内的巍巍太行山中，有个叫"小店河"的地方。村落不大，前后排列着85座房屋，23进四合院，多为二层小楼。建筑风格为京城阁楼式庄园，有飞檐、阳台，还有现在颇为流行的玻璃瓦装饰。这里依山傍水，风景清幽，风月无边，让偏僻的大山里的古村落透露出浓厚的中原文化气息。

虽然小店河距中原交通要道新乡仅50公里，但外界的人们长期与它失之交臂，以致藏在深山人未知。也正因如此，古村落的风貌才得以被"原汁原味"地保存下来，供今人怀古思源。

据新乡地方志记载：明初有户闫氏人家在太行山深处沧河边开店铺，故称"小店河"。据闫氏家谱记载：闫氏祖居山西林虑，到第九世闫天堂一代携子女迁于汲县小店河，后由第十世闫榜于清乾隆十三年（公元1748年）奉母迁居小店河，小店河成为闫氏始祖地。

走进小店河村可见整个村寨坐西向东，纵贯南北，三面环山，一面环水，地势很具特色。若从旁侧的山上往下看，整个村落好似坐在一龟背上，龟首伸向沧河，这一优美的自然形式被风水学称为"神龟探水"，可见闫氏家族在当时造宅选址时是极为重视风水的。穿过通向村落的沧水桥，走过已是断墙残垣的山门楼，一进村便像打开了一部史书，把百年前的状况呈现在眼前。据该村闫主任介绍，小店河古村落现存寨门、寨墙、26座院落，有23进四合院，85座房屋。其房屋建筑呈梯形，建筑风格采取流行于明清时期的硬山式建筑，复制了京城阁楼式建筑图形，修建了宫庭式阁楼庄园，还有中原建筑物的三门四户的传统式四合院，建筑规模宏伟，大有鹤立鸡群之势。据该市文物旅游局局长介

【作者简介】
　　王春明，河南卫辉人。

绍，目前，该古村落已列为河南省省级文物保护单位。出于对文物的保护，已对所有户院作了编号，如第一号院为闫氏宗祠，建于清嘉庆二十五年（公元1820年）；第二号院为闫氏家政场；第三、四、五号院为文秀才院，大门有"喜从天降，福在眼前"的刻匾；第六号院为最早的草房，为一般家眷居住，后经历代闫姓家人修缮，目前仍可住人；第七、八、九号院为练武场，建于1826年，现为闫氏后人居住；第十号院为祠堂，用于祭拜所用。

踏着泛着幽光的山石古街，走近一座屋檐上长满衰草的石砌老屋，推开一扇扇斑驳的黑漆大门，都会找到那些悠久的故事，重睹故人悲欢离合的昨天。房前屋后那些沉睡已久的石碾、石磨、石臼、石墙、古井和镶在门墙上的拴马石，都成为那古老乡谣的美丽音符。听着滔滔东去的沧河水，仿佛又回到幽静、清雅、炊烟袅袅的远古时代。

领略了小店河古村的历史渊源，它与江南水乡富豪云集、雕梁画栋、水桥合一的古镇有明显区别。小店河古朴天成，绝无奢华之意，少了许多脂粉气，多了几分稳重和厚实。由于它是典型的北方山村，可以从居住环境、院落梯次看出闫氏宗族处世规矩，生活简朴。民居、桥梁和古街道都是就地取材，以山石筑造的，就连最讲究的一号院闫氏家祠也是以整石垒建，不追求排场、华丽，以地势巧妙安排布局，在质朴中多了几分书卷气。所有居屋和庭院也大都雕有作善降祥的训语，以示教育后人守身为大，清白做人。这些祠堂、楼阁、山门体量都不大，巧妙地建造在绿树、山石间，让人深感与世无争的逍遥心态。在所有古院落中规模最大的要数闫氏祠堂，祠堂是座阁楼式建筑，盖得较为讲究。前后院分开，中间有天井，泥沙与糯米混合制成的厚墙，从木头、砧砖、石头质量看来颇为规整，尽管祠堂已破，青藤缠绕，但隐约还能看到墙上精美的壁雕。踏着石头铺就的小巷，沿着因山就势、高低错

落的街巷，蜿蜒起伏、幽静雅谧、扑朔迷离，常常令初来乍到者搞不清方向，整个村子里充满着神秘的感觉。

为了保护美丽的家园，闫氏家族在建造村落时，便在村落四周建起了围墙，以防盗窃抢掠之事，围墙高三米、厚半米、长三公里左右，东西南北各建筑了一个山门楼（即山门）。门楼上有瞭望台和箭垛口。瞭望台可以从高处向下观望，发现情况及时采取对策；箭垛口为作战之用，可向攻击方鸣枪射箭，便于守护村落。但随着日月的流逝，护墙大部分被村民拆掉，用于建自家的房舍或猪圈，现仅存部分围护墙和东山门楼，成为独特的景观。

近十年来，闫氏村民在古村落南面辟地建起了新村，住进了新房。但还有一些恋旧的老人们仍然居住在古村落里。或许是得益于山乡清新的空气，畅饮甘冽的沧河水和辛勤的劳作，古村落的人寿命很长，七八十岁的老人有十几位。居住在九号院的70岁的老人闫玉祥是武秀才后代，至今闫大爷还保持着练功习武的习惯，每天早晨都抓举祖辈留下的一百七十多斤的石墩锻炼身体。

近年来，随着小店河古村落在远近有些名气，山外的旅游者纷沓而来，探今访古，它所具有的价值得到了体现。当地文物旅游部门打算发展旅游业，居住在这里的人们对世代聚居的古村落都有很深的感情，他们很看重古村落和文物古迹，积极配合有关部门修缮保护古村落，使古村落能够一代代保存下来。人们来到古村，看到古屋、古巷、古墙和古风意韵的历史碎片，怎不让人平添几分遐想。

（卫辉小店河村入选《第一批中国传统村落名录》）

小店河清代民居群

姚 勇|文

日前，在网上看到一则消息，河南省有16个村寨入选中国首批传统村落。其中，新乡只有卫辉市小店河一家。在"谷歌"上查询了一下，小店河位于卫辉市狮豹头乡，离塔岗水库不远。

卫辉市和我们毗邻，可以说是常来常往。今年夏天，我还两次去塔岗水库游泳，但小店河却从来没有听说过。这个村子有怎样独特的风光？凭什么入选全国传统村落？带着这个疑问，在一个阴雾蒙蒙的下午，我和朋友驱车前往。

根据事先在谷歌上的搜寻结果，我们从辉县市出发，沿卫柿公路一路向东，在路标指示"春江水泥公司"处左转往北而行。车子行进在宽敞的柏油马路上，路边成行的红柳昂首挺立，像一队队等待检阅的战士。

车子渐渐驶入了山区，路边的景色愈加绮丽，奇峻的山峰高耸入云，潺潺的小溪在山涧流淌，好一派秀美风光。

很快，我们来到了塔岗水库边，水位比夏天提高了不少。眼前碧波荡漾、水鸭嬉戏，远处层峦叠嶂、水天一色，令人心旷神怡。沿公路前行，穿过棋盘山隧道，回头望去，山石上凿刻了许多落款"百姓"的巨幅标语，"感谢中组部、中宣部，宣传好人用好人""现在生活好，老吴忘不了""太行公仆吴金印"等等，是卫辉人民对全国乡镇党委书记的楷模——吴金印的由衷褒奖。

不一会儿，前方右侧出现了"小店河"的指示路牌，映入眼帘的却是一排排整齐的现代建筑，白色的墙砖，铝合金门窗，丝毫没有一点点传统的味道。我们停车向路边的村民打听，一位热心的大嫂告诉我

【作者简介】

姚勇，河南辉县人。现任辉县市太阳石纺织有限公司副总经理、世界姚氏宗亲联谊会理事、河南省姚姓暨姚崇文化研究会常务理事

们，这里是小店河新村，专门安排从大山里搬迁出来的村民。她指着前面不远处路左边的一座石桥说："过了这座桥就是小店河老村。"

我们谢过大嫂，驱车前行。跨过横卧在沧河上的大石桥，远远望去，呈现在眼前的是一座石头城堡。青石寨门、青石寨墙，犹如进入了童话世界。寨门门洞很窄，车辆不能通行，现在人们在旁边修了一条柏油路。进入村子，首先映入眼帘是一片青石砌成的清代民居建筑群。民居依山而建，坐西向东，纵贯南北。一座座院落整齐宽敞，结构统一，雄伟壮观。

我们一边感叹着劳动人民的伟大，一边在村子里漫步。古色古香的庭院门楼，精雕细刻的古建筑装饰，门前的系马桩等，一派古韵风貌。

建筑群共十座院子，院院相连，又彼此相通。好多院子至今还有人居住，有的已荒废多年，杂草丛生，蛛网密布，还有的已经坍塌。

我们进入了五号院，三门四户，四进四合院，第一道门砖石结构，券门，门楣上有木匾位置，但已经空空如也。第二道门、第三道门均为木制双扇门，上面的木匾都已毁坏。第二进院落影壁上原有的字画已不见影踪，取而代之的是两个大大的"忠"字和毛主席语录，一看就是"文革"时期的产物。这个院落为秀才读书场所，上房五间，配房各三间，粉墙方窗，硬山瓦顶，房脊上有"攸宁所"楷书三字，院墙已经坍塌。上房和北配房间的过道，有一个小门，沿着石头台阶拾级而上，直达第三进院。这里是小姐的绣楼，上房五间，配房各三间。

穿过深宅大院，后边有石块砌成的寨墙将村落包围成一个完整的群体。硬山式小寨门外，山包上设有瞭望台，以防土匪袭击。这里苍松翠柏，隐天蔽日，山后有层峦叠

嶂，连绵不断；北门外有沧河蜿蜒东去。

我们遇见了一位老者，据他介绍，这里是由闫氏祖先始建于清代乾隆年间。当年，闫氏祖先兄弟二人，在沧河边建了一间小店铺，因此取名"小店河"。

闫氏兄弟继承祖训，勤俭持家，修治田里，植树造林，凭借方山耸翠、沧河环清的地理优势，开辟了牧养和造纸两项致富门路，历经多少苦心经营，发展到良田千顷，牧羊万只，田产遍布整个太行山区，牧羊扩展到山西一带，为闫氏家族的兴旺发达奠定了雄厚的经济基础，闫氏家族成为闻名一时的豪门望族。后几经历代翻建、扩建，至民国十六年（公元1927年）止，成为现存之规模，共有23进四合院、86座单体建筑。

现在居住者仍为闫氏族人，因人丁繁衍，原有住房已不能满足，人们另寻他处，许多老房子就空闲了下来。

小店河在风水上很有讲究。它坐落在太行山怀抱，其地势更具特色，从远处望像一巨神龟，整个村寨便建在龟背山上，寨门建在龟颈上，龟头伸向沧河，这一优美的自然山势被风水先生称为"神龟探水"。村前沧河四季不息，河边绿树成荫，树影婆娑，河水清澈见底，光洁似镜，畅流不息，环境优雅，空气清新。

抗战时期，这里是汲淇联县抗日政府所在地。20世纪60年代，汲县人民政府将其公布为县级文物保护单位。2000年，河南省人民政府将其公布为省级文物保护单位。

回去的路上，我不禁心生疑惑，像如此规模、保存这么完整的传统民居建筑群，在北方的确罕见，卫辉市及新乡市两级政府为什么不能好好地投资开发、维修保护起来呢？

（卫辉市小店河村入选选《第一批中国传统村落名录》）

155

聆听裴城雨

张俊杰 | 文

在河南漯河的郾城区，有一座古村落，名为"裴城"。之所以说它是古村，是因为它与唐朝的一位名相有关。此人便是裴度。

裴度，河东闻喜（今山西闻喜东北）人，唐代中期杰出的政治家、文学家。唐元和十年（公元815年）五月，因唐将李雪讨伐谋反的淮西节度使吴元济诸军久未有功，裴度以中丞兼刑部侍郎的身份，受命赴蔡州行了解军情，向诸将传达朝廷旨意，协助平叛。因叛军烧杀抢掠，当地百姓恨透了叛军，平叛中，裴度在当地一个叫"洄曲"的村子停留了四个多月。《资治通鉴·唐纪》中有《李愬雪夜入蔡州》一节，详细记载了此事。而《李愬雪夜入蔡州》一文也曾经入选中学语文课本，而为天下人所知。有感于裴度的功绩，洄曲当地的人们便把洄曲改名为"裴城"，并为裴度建祠立碑。

至于这裴城村的旧名"洄曲"，也是大有渊源的。

【作者简介】

张俊杰，河南林州人。现供职于郑州市地铁公司。

根据《水经注》的记载，洄曲河乃是"汝水支津"。也就是说，它是从汝水中分流出来的。汝水，即今漯河市的沙河。因为分流处往往水流往复回旋，故此地便名为"洄曲"，这分流出来的这条河，也便被称作了"洄曲河"。洄曲河从偃城县流出，入上蔡境，入项城境，最后汇入淮水。

这洄曲之地，便是今天的裴城村了。如今的洄曲河早已断流，连河道都几乎无处寻了。

洄曲村再次出现在历史的记载之中，便是到了唐朝，因了著名的宰相裴度的到来。

当我的足迹踏上裴城村这块古老的土地时，已与裴度的时代相距一千多年的光景。

去时，正值暮春，有春雨轻扬。

据传，裴城村外有一片树林，每到夜晚，树林中雾霭朦胧，小雨霏霏，白鹭栖息，幽深莫测，树林上空雁叫鹤鸣，如诗似画，即便是清风朗月亦是如此。白天，树林中却云收雨住，静谧异常。"裴城夜雨"便成了此处的著名的"郾城八景"之一。明代诗人谢公翼有诗赞之曰："秋雨疏林暗古城，草堂留客对棋枰。一行雁度长空里，疑是当年入蔡声。"

不知道此次裴城之行，能否一见"裴城夜雨"。

我们从洛界公路下路，入裴城村。一路上，不时能看到村子里老房子上的青砖灰瓦，昔日战马嘶鸣的古战场如今已是分外安宁。

当年的裴城人为纪念裴度建的祠堂已经不见，在祠堂旧址上建有裴城村小学。但当年的两通石碑仍矗立在学校门口，石碑上详细记载着裴度在郾城的事迹。

好在，裴城村现存的明清古院落就有三十多处，虽然在"文革"期间这些古院落曾经遭到过破坏，但是经过村民的修缮，这些宅院总算是保留下来了，有的现在还被村民使用。在裴城村，老房子随处可见，有些老房子上还有砖雕，砖雕上有祥云、花朵、动物，图案精美，内容丰富。村里最具代表性的就是彭家和贺家大院。

　　彭家和贺家是裴城村的两大家族。如今的裴城村还有彭家的后人生活在这里。

　　彭家大院是典型的北方建筑，坐北朝南，院落与院落之间有老式的圆拱门相通。彭家大院原先有三栋楼，最壮观的是北边的三层楼，高有十余米，是当时村里最高的建筑，所以大家都叫该院为"彭家高院"。高楼东西两侧各有一所厢房，遗憾的是，现在只剩下东厢房了。

　　现存的东厢房为两层楼，约八米高，硬山灰瓦屋顶，四面清水墙，屋脊高出两侧房檐约一米，尽显高大气派之态。不过房子的四角明显缺了几块，据说缺的部分是五脊六兽，"破四旧"的时候被砸掉了。但从厢房整体古朴典雅的造型、合理的布局设计，我们依然可以想象出当时彭家在当地名门望族的大户模样。

　　经考证，彭家人是明朝的时候从江西庐陵迁徙过来的，彭家的先人曾是朝廷一品官员。朝廷拨给彭家先人两千顷官田，从此彭姓族人在此定居下来。彭家高院应该是乾隆年间所建，当时彭家的主人非常富有。说起彭家高院的三层楼房，还有一个故事流传至今。当时，三十多里外的一个王姓女子嫁到彭家，但嫁过来后没多久，丈夫就因病去世，王姓女子非常思念娘家亲人，便常常站在三层楼上，眺望娘家楼上悬挂的灯笼。

　　彭家大院紧邻的北街，在古代是一条官道，从洛阳到安徽、江苏都要途经这条官道。裴城村现存的老宅几乎都分布在这条官道两侧，好多老宅子都是从官道开始往南北延伸，彭家高院在官道的南侧。当年的街道两边设有驿站，商铺林立，非常繁华。在中心街道北边的有一处房子，在1947年至1949年

间，曾是漯河市沙北县委县政府所在地，如今已变成裴城村民开办的卫生所。

彭家大院往西三十多米，便是贺家大院。贺家大院也是三进院，由南往北一路上坡呈阶梯状。站在贺家大院比较高的院落里举目望去，四周是老房子和叶已落尽的杨树。房屋的墙面尽管有些脱落，房子早已不再住人，但古宅院里的青砖黛瓦却记录着历史的点点滴滴。

裴城村南面有一片开阔高地是"裴城遗址"所在地，东西长三百多米，南北宽二百余米，面积约七万多平方米，这里曾是春秋战国时期人们生活的地方，距今已有两千多年的历史。此地已被命名为河南省重点文物保护单位。

村子十字街西侧有一座石拱桥，据村民介绍，该桥始建于北宋年间，叫作"洄河桥"，只因以前河底凹处铺了一段两米多长的条石，水从石桥下流到北头，正好落在条石上，每到夏季雨水多时，水击条石声传得很远。因此，当地村民就给小石桥起了个好听的名字"响水桥"。在寂静的夜里，当初不知有多少人就是听着"响水桥"的水声入眠，可惜现在再也听不到"响水桥"的水声了，而那块条石也早已没了踪影。

行至村外，回首四顾。如今的裴城村，一幢幢新楼房沿着街道拔地而起，现代民居与古宅院相得益彰，并然有序。当年的"官道"已变成用水泥修建而成的环村公路，走上去仿佛还能让人感觉到那段沧桑的历史。

村头已不见了那成片的林子，如丝如缕的春雨不知道什么时候也已经停息。剥去历史的外衣，这里也仅仅是一个普通的村落罢了。即便，"裴城夜雨"的胜景仍在，这历史的雨声由远及近地飘来，我们这些整日里奔忙的现代人，可否还会有那份安静如初的心，去聆听它的足音呢？

（漯河市裴城村入选《第一批中国传统村落名录》）

杏山之石

刘承光 ｜ 文

杏山村位于河南省邓州市西南约五十公里处的鄂豫边界，2012年入选中国住建部、文化部、国家文物局和财政部联合发布的《中国传统村落名录》，杏山村南与鄂省老河口市接壤，西连丹江口水库，占地32平方公里，东西长10公里，南北宽3公里。1900多名村民三家五户择势而居，组成了格堤寺、清泉沟、王沟、洪水堰等18个自然村。每个自然村多则数百人，少则几十人。村民或居于摇曳的竹林边，或居于山间沃地，或沿溪而居，尽占山间之灵秀。杏山一行，可观杏山村石屋、地质公园和楚长城遗迹。

杏山石屋

杏山村民居，院墙，多为石片所砌，且不用泥料、白灰等任何黏结物，有的民

【作者简介】

刘承光，河南尉氏人。

居的窗户，也是用整块石头雕刻而成，有的状若铜钱，有的刻成多个田字格相连，有的则用简单的花卉纹饰装点，看起来古朴、大气。

杏山村最显赫的一处房屋建于清乾隆十三年（公元1748年），主房为阁楼式建筑，西厢房两间，门楼一座，全部利用当地石片干砌而成，看起来浑然一体。

杏山地质公园

杏山村格堤寺村对面是朱连山，从村口上山没几步，你就会发现这山坡上的石头有点别致。它们没有和山体贴在一起，而是从山体表面覆盖的土层里突兀而出。这些石头大约有半米高，石头尖均朝向前方，这种类型的石头在脚下随处可见，从远处看，会给人一种万箭齐发的感觉。

走到山脊时，一些状如波浪形状的青白色石头出现在眼前。刻在山坡大石头上的文字显示，在寒武至奥陶纪时期的杏山村是海洋的世界，留下了大量的古生物化石。看来这里以前的确是一片汪洋。运气好的话，在山上还能找到一些海洋生物的化石呢。

脚下有一块岩石，上面有竹叶状的白色条块，一些石头上还有不规则的豆粒状斑点，看起来颇为别致。寒武纪时期，这里海水动荡，还没固结的碳酸盐，经过水流、潮汐或风暴的作用，就在这岩石表面固结成了这种如竹叶般的形状。有些石头上的斑纹则是一些生物的粪便、足印等形成的生物化石。

山坡上的石头多为可溶岩，这种石头容易被水冲刷腐蚀。而这使得山坡上的流水成了造型师：泉水或者雨水在可溶岩石的表面或裂隙流动，不断溶蚀和冲刷，岩石表面形成了小型槽状凹地，成为溶沟，溶沟间的凸起部分，看起来像刚露出牙龈的牙齿，被当地村民亲切地称为"石牙"。

杏山楚长城

杏山村楚长城遗迹长约三十公里，形成平面近似圆形的大型山寨三处，分布于朱连山、严山、大山山顶。小型山寨或关堡遗迹达三十余处，石层遗迹有百余间，经文物部门考证，是战国时期楚国为防御秦国进攻而修建的大型军事设施。

《邓州市志》对"杏山楚长城"记载称："2000年5月，经中国长城学会会员考察，确认为战国楚长城。"而楚国在此修筑长城是因为"公元前312年，秦楚在丹阳（长城正西十里处）大战，秦斩楚军八万，楚大败，惧秦，遂在丹阳之东杏山上建长城"。

邓州杏山长城为干垒石制，大致东西走向，间有南北纵横分叉，东起杏山村东部山上，西到湖北省界止，遗存长约三十公里，横亘在丹江水库南岸山上。因山上植被较少，长城蜿蜒，走势明朗，下宽约三米，上部残宽一米五左右，残高两米左右。

杏山长城建筑形制为单护栏型，皆取山上片石垒而成；有城墙墩，城墙墩由石块围成圆形，中填黄土，功能可能是用于照明或插旗；没有发现雉碟，或许在漫漫岁月中被毁，或许本就没有。

杏山长城最引人注目的是在清泉沟朱连山山顶有一屯兵城，城呈长方形，长约二百米，宽约七十米，中有四排石屋，近百间，垒法与城墙一样，墙体保存较好，进深四五米，开间六七米，墙高约三米。保存良好的可见窗洞与门洞，没有屋顶，也未发现坍塌的屋顶材料遗痕。距屯兵城北约五百米有一口古井，水面距井口约一米，伸手可汲，水质清澈甜润，终年不枯。尤为难得的是城的西边有一大片开阔平坦地，可演兵习武。

（邓州市杏山村入选《第一批中国传统村落名录》）

东岳村传奇

杨 文｜文

　　信阳光山有一处国家级的传统古村落，名为"东岳村"。去年"五一"节刚过，因事去了光山县的波陂河镇，回程时，同行的一位笃信佛教的同事，强烈建议要去这东岳村走一趟。这同事因信佛，身体力行，几乎要把河南省内的大小寺院都拜访一个遍。波陂河镇附近的净居寺，他早已去过；只是那次的净居寺之行，却是生生把近在咫尺的东岳寺给错过了。因为错过，所以一直抱憾，而今又一次近在咫尺，无论如何，他是想要走一趟的。

　　因天色尚早，况对有信仰的人，我从内心里到底是对这样的人存在着很深的尊重的。没有丝毫勉强，便附和着，让司机驱车向光山县文殊乡的东岳村驶去。

　　路上，信佛的同事告诉我们，光山县的这个东岳村跟全国各地数不尽的同名为"东岳村"的村庄一样，大都跟东岳寺有关。光山的东岳寺是道、佛、儒三教合一的庙院。这已列入国家级传统村落的东岳村如今已在着力打造自身的宗教名片。除此之外，当年李先念、陈少敏等革命先辈们也曾在东岳村战斗、生活过，也算是"红色之旅"的一个不错的去处。另外，这东岳村还有一个特色，那就是当地民居，多为徽派风格，这在河南省内是极为少见的。

　　听这同事一路"上课"，倒也没觉得路途漫长，好像是转眼之间，我们已在东岳村头下了车。

　　或许是刚下过雨的缘故，东岳村笼罩在一层薄雾之中。远远望去，低矮的老式民房之中，几处树梢凸出雾霾，显得异常高大。连接多个村

【作者简介】
　　杨文，河南安阳人。中学教师。

民组的乡间小路蜿蜒曲折，两旁的小山上长满了灌木植被，时不时还有几个水质清澈的大水塘，让人倍感清爽。

如今已经一脚踏进了东岳村，那信佛的同事倒也不心绪焦灼、脚步匆匆了，甚至有些闲庭信步一般地陪着我们，先看看徽派的民居，再看看革命故居，把拜访东岳寺放在了最后。

作为豫南一些地区特有的建筑形式，徽派民居在东岳村留有不少，不过因时间久远，很多已显破败，但风姿不减。在东岳村195号民宅，高大的门楼依然挺拔，门口两侧刻有"庆家""恩国"字样的砖雕依然精美。从屋顶高出的马头墙看，这些门楼具有明显的徽派风格。徽派门楼檐角高耸，尤其是一处后宅山墙，石头镂空窗户朴拙古雅，在那屋檐之下有一处山羊砖雕，虽历经上百年风吹雨打，至今仍栩栩如生，令人叹为观

止。该处院落门前，两个成人都合抱不了的大皂角树根部已经中空，但长势依然良好。

在东岳村口的水塘边，有一排共有六间正房、并不起眼儿的砖瓦民房，至今仍居住着两户村民，但若不是立有石碑，外人很难想象，这里就是李先念故居。早在土地革命时期，东岳村就建立了杨湾苏维埃、四角洼苏维埃、茅塘埂苏维埃、熊洼苏维埃、上张湾苏维埃等政权组织，村内的革命活动堪称风起云涌，如火如荼。

东岳村留下的革命事迹，很多已经载入了中共党史和军史。已被纳入保护范围的李先念故居、陈少敏故居，就是东岳村这段历史的活教材。李先念故居是砖坯结构，大屋檐下的墙体已经斑驳，但木结构的顶棚材料依然保存完好，仅有轻微的下陷变形。在高出石头地基一米多的石墩保护下，前檐立柱看起来还十分坚实。

漫步村内，无论古树古寺，老人老屋，原生态的朴实味道都十分浓郁，包括很多不起眼儿的家什，都让人不敢小瞧，比如沟边一处小小的土地爷庙龛，前边摆放的石刻香炉，就有一千五百多年历史。

最后，我们终于来到了今天的目的地——东岳寺。

眼前的东岳寺山墙粉白，也有些近似于徽派民居，以东岳村的徽派民居为背景，倒也相得益彰。明清时期香火与净居寺齐名的东岳寺，目前只可见到断砖碎瓦。史上无数次攻城略地的战斗和后来的"破四旧"，让东岳寺几近荡然无存。眼前的东岳寺是在原东岳寺的旧址上翻新扩建的，分为一大一小两个房间的大殿内，已供奉了道教的东岳大帝和佛教的如来佛祖。东岳寺是作为净居寺的支系庙宇而存在的，不过，它的历史依旧可追溯到明朝永乐年间，迄今已有五百多年历史。

史料记载，唐朝鉴真和尚在净居寺师从道岸高僧修禅，而后东渡日本传教，成为日本佛教律宗开山祖师；北宋苏东坡被贬后，曾在净居寺游赏泼墨，至今留有《苏轼游净居寺诗并叙》碑，净居寺所在的大苏山也被称为苏东坡"灵魂的最后家园"。当地士大夫当年在净居寺北约两公里处建立的东岳寺，就是为了弘扬佛教天台宗精神，并逐渐形成了东岳寺"儒、佛、道"三教合一的独特风格，国内少有。

走进东岳寺院内，双耳立即明净起来，几乎所有的红尘喧嚣都被那一堵山门隔在了外面。院内有棵几人方可环抱、已历经数百年风雨的大树，在那巨大的绿冠之下的石凳条桌边坐下，举目四望，群山流翠，满目葱郁；山风送爽，遍地流泉，立即让人产生憩身世外桃源的感觉，身心会一下子完全融入到佛的禅静之中。

行走东岳村，看那徽派的民居，体味乡村人的烟火气息；看那革命旧址，遥想金戈铁马的峥嵘岁月；看那绿树掩映的东岳寺院，探问被俗世蒙尘的内心……有远去的历史，有定格的现实；有烟火气息的生活人心，有皈依禅定的片刻逃离。东岳村，成全我们的，是一段传奇。

（光山县东岳村入选《第一批中国传统村落名录》）

走近龚冲那袅袅的乡愁

梁丽红 | 文

时值最美人间四月天，我在文友的带领下，直奔国家级传统村落——泼陂河镇黄涂湾村龚冲。

车子渐渐驶入一条弯弯曲曲的山间小路，明媚的阳光欢快地跳跃在道路两旁葱茏翠绿的树木上，喜人而清凉。干净的路面上，尽管行人稀少，却不感寂寥。无论是偶遇个别头戴草帽、肩扛锄头、胳膊肘挎着竹篮的老农，抑或是时而蹿过大路的野兔，丛林中振翅突飞的野鸡，还是鸟雀啼鸣和风过折枝的自然景象，皆写满着无尽的时光风情与言语。我徜徉在这样热烈而曲径通幽的自然风光里，是丝毫不敢懈怠，生怕哪个疏忽错过了一处美景，或是漏听了一个天籁的乐符。

车子兜兜绕绕地穿梭于山林间，于峰回路转处陡然惊现村子。然，落入眼帘的这个极具灵秀之质的陌生小村落，居然迎面扑来一种久别重逢的气息，这种莫名的归属感，给了我莫大的惊喜与感动。

小村很古老，几乎全是灰瓦的土坯房屋。村庄坐北朝南，依山面水。据说这地势在风水学上属典型的"簸箕地"，素有人杰地灵之说。最具特色的当数村子并排而立的那三座"拉弓式"大门楼和经典的青砖小瓦马头墙，马头墙上刻着精美的砖雕回文与天然的水波图纹，两侧还有罕见的蜂口洞。古老的马头墙像是在眺望着远方，固执地坚守着已经苍老的家园，既诠释了明清时期老宅的古韵风情，又隐喻着过往与经年的故事。

拉弓大门楼上方有八卦窗洞，内有圆形雕花木窗，浅绘着花虫鸟鱼、人物故事，栩栩如生。大门两侧的石雕门枕，厚重古朴，与门梁上的砖雕彩绘相映成趣。院子是三进，左右对称，每一进都有左右两个院

【作者简介】

梁丽丽，曾用笔名"自然风"。河南光山人。

落，每个院落自成一个家，形成家家相通、户户相连的格局。院内共14间房屋，房间虽多却不杂乱，布局整齐有序，这样的格局昭示着这户人家曾经的人丁兴旺与气派辉煌。你在讶异小小的宅院，竟然能容纳万象乾坤的同时，也会悟出一个道理：时光无论走了多远，都会留下印记；无论时代怎样变迁，都会显现智慧。

弧形的村子怀抱着一个大池塘，近似于圆月形。而村子东西两边各有一个山坳，山坳里又各有一个半月形池塘，这两个池塘与湾中心的另一池塘，构成了"二星捧月"之状。湾中的池塘用石头砌了坡岸，整齐美观，四周新栽有香樟树，池水清澈，宛如一面大镜子。在暖暖的阳光下，水面呈现出一片柔柔的金光。无风时，树影倒影其中，煞是好看；风起时，又见波光粼粼。挨着池塘

的内侧的湾中间有一眼古井，井身是由青石板砌成的，青石上面斑驳的花纹若隐若现，井底酷似深潭。文友说，此井建于清代，且是泉眼，被列入县《不可移动文物名录》。冬日里井口时时涌着轻柔的烟雾，临井照人，依稀映出几许眸光。暑天，村里人干农活回来，用手掬上一捧井水，咕咚咕咚喝下去，清甜无比，解渴又解乏。单凭这井，已不知牵引着多少柔软的心灵了。

池塘埂上有两棵树形高大挺拔、枝干浓密茂盛的百年古树，一棵是柿子树，一棵是枫杨树。柿子树属野生类，个头稍逊，柿子却是村里孩子们难得解馋的好果子，尚还青涩时，孩子们就迫不及待地爬上树，用竹篙打落，装在坛子里，用麻料（一种植物）紧紧地塞住坛口，泡几天就不涩了，还带点甜味，非常可口。柿子红时，孩子们更是抢着

摘取。若深秋时节，柿子树叶大部分飘落，树上挂满红彤彤的柿子，如一个个小灯笼，煞是好看。惹得鸟雀争相啄食，鸟声四起，热闹非凡。

此时正值开花欲结果的季节，杨絮和着微风似雪花漫天飞舞，时而落在头顶发丝上，时而轻抚下你的眉宇和脸颊，柔柔的，虽有些许痒痒的，却是舍不得拿手拂去。若到仲夏，结的果实似一串串翠绿的珍珠项链，垂吊在枝头树干间，却是别有一番风味。如折下一根树条，按螺旋式用小刀剥下一截筒状的树皮，含在嘴里，随意一吹，发出的声响便是一曲天籁之音。我倒是明白了此树为何名为"枫杨树"，自是因其既有杨柳的飘逸，又有枫树的坚挺，可谓刚柔并济，固然得此名。

小村灵秀，必定人杰。听文友讲，村子在附近几十里范围内都很出名，皆是因为这里人才辈出。早时村里的龚姓人家出过进士。著名国画家、西域风情画派创始人、赵望云入室弟子徐庶之即出生和成长于此，徐庶之的爷爷还是清朝的武举人。恢复高考后，村子里更是出了不少大学生，现在在外工作的有几十人，实让周遭的人艳羡。

小村之行，犹如一场梦与醒的穿越，抑或是一场清澈的相逢。临别时分，不禁涌出一片莫名的淡淡离愁，缭绕于心中难以化去。只愿从此放下世俗的背囊，把自己静静地搁置在这黛瓦白墙，清雅如画的秀水灵山中，执一本泛黄的旧书，品一壶微凉的新茶，从浓到淡，从清晨到黄昏，独享那份伴随炊烟四起的袅袅乡愁……

（光山县龚冲村入选《第二批河南省传统村落名录》）

乔庄乡韵

湛 秋｜文

　　去年元旦，闲来无事，我们一家驾车拜访了河南省历史文化名村乔庄。

　　乔庄历史文化名村是孟津县小浪底镇刘庄行政村的一个自然村，位于孟津县西部山区，西距黄河小浪底水利枢纽工程约两公里。占地三平方公里的乔庄内，散落着八十多座风貌古朴的清代中后期建筑。

　　来到刘庄村后，由柏油路转入一段蜿蜒的山间土路，站在路上远眺，便看见一些民居呈阶梯状分布，雾霭中的青砖灰瓦若隐若现。

　　乔庄坐落在一条深沟的半坡上，群山拱卫，环境清幽。如今的乔庄人基本已经全部搬出了原先居住的宅院，或另外择地建房，或搬迁他处，原因是它地势低洼，交通不便，再加上那些百年老屋房间狭小、破旧，适应不了人们现在的生活方式。仅存的一户人家，也只有两位老人独守在老宅里。整个村落一片破败、荒芜、落寞景象。

　　沿着一条土路上行，半坡路旁见到了一座古色

【作者简介】
　　湛秋，河南濮阳人，自由职业。发表散文、小小说七十余万字。

古香的祠堂。它是一组四合院式的建筑，坐北向南，依山就势建在一处相对平整的高地上。祠堂前部为三间砖木结构的前厅，大门居于中部，顶部高高挑起，与两侧的建筑呼应，显得错落有致。整个前厅青瓦覆盖，上置脊兽，显得高大、庄严、肃穆。

踏着红石砌筑的台阶入门进厅，首先看到两侧墙壁上镶嵌有两通石碑，其中一通刻制于清朝道光二十三年（公元1843年），另一通刻制于民国六年（公元1917年），分别记载了乔庄乔氏的历史以及他们在上述两个时期建设、重修这座祠堂的经过。碑刻上方的两块匾额，一块上书"家声不振"，另一块上书"节孝慈惠"，两块牌匾均写于民国时期。

院内东西两侧厢房仍存，但较为狭小，及至后部，为一堵由红石砌筑的山墙，用来防止墙后的土壁坍塌，保护整座祠堂内最重要的建筑——一孔砖拱窑洞。这孔窑洞圆门正上方镶嵌着"福禄寿"砖雕，内部宽敞高大，方砖铺地，是乔家人旧时逢年过节祭祖缅贤的主要场所。

出祠堂东行，北边坡地上就是一座座乔庄民居。

这些民居建于清代中后期，或成排建设，或单独成院，现存比较完整的院落有十几所。所有的宅院都背崖面沟，属典型的北方窑院结构：凿土为崖，依崖挖窑，窑前圈院，院内盖房，房窑结合，形成了一个个规模或大或小的四合院。各家各户门前，大多都有一片临沟的平地，平地上植皂角、刺槐等树木，旧时人们用来加工粮食的石碾、石磨、石臼，一个个仍置放在原地，诉说着遥远的历史。

旧时乔家分东、西两个大院，每个大院由多个小宅院组成。为便于管理和防止匪盗

170

入侵，各个小宅院又有独立大门。如今，其他几座大门已不复存在，只有东院的石门孤零零地屹立着。

如今，村后山顶上还保留着一座土寨。土寨居高临下，寨内挖有多孔窑洞，登临寨顶可观察四周。旧时，如遇战事，村中老少便躲进寨内，紧闭寨门，青壮年则上寨顶防御。岁月更替，这座曾保卫一方百姓的土寨，只剩下残缺的寨墙和荒草丛生的窑洞。

其实，乔庄本不叫此名，而是乔家搬迁至此后成名的。乔家祖籍山西，明朝初年，迁居洛阳铜驼巷，随后其分支又迁往多处。当时，迁往孟津会盟一带的乔允升，为乔庄乔姓人的七世祖，曾官至刑部尚书。

至清代乾隆年间，乔氏一支才把家搬到乔庄。乔庄人世代以耕读为生，勤俭治家使家族不断兴盛。随着几代人的繁衍生息，清末民初时，乔庄已有几百口人。此外，乔庄人世代热衷医道，几百年来，这里成长起多位中医名家，因此乔庄还被周围百姓称为"大夫窝"。

现在，乔庄大多数人已搬离山沟，选择平坦、交通便利处建造新居。

虽然乔庄人烟渐少，兴盛之态不在，但这里的古树老宅、青砖灰瓦、田园风貌吸引了国内众多美术界人士和学生前来创作。

如今，这里已成为中国美术学院、广州美术学院等二十多所高等院校学生的写生基地。他们进农家院，住农家屋，吃农家饭，一待一两个月，把这里的风景、民居和人物悉数绘入画卷，如痴如醉。这一发现被传开后，国内越来越多的美术院校纷纷派人前来考察，大家认为乔庄保留着浓郁的豫西民俗风情，是一个难得的写生之地。

（孟津县乔庄村入选《第一批中国传统村落名录》）

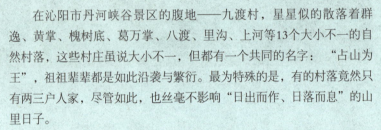

在那遥远的小山村

马道洲｜文

【作者简介】

马道洲，笔名"一凡"，河南沁阳人。发表有小说《星星草》《老兵》《犬为媒》《老槐树》等，散文《远方，有我的桅杆》《夕阳唱晚》《哦，那远去的母爱》《房前屋后》等，报告文学《太行脊梁》《"窃火神"的自白》等，诗歌《我写诗的地方》《士兵，士兵》等。

在沁阳市丹河峡谷景区的腹地——九渡村，星星似的散落着群逸、黄掌、槐树底、葛万掌、八渡、里沟、上河等13个大小不一的自然村落，这些村庄虽说大小不一，但都有一个共同的名字："占山为王"，祖祖辈辈都是如此沿袭与繁衍。最为特殊的是，有的村落竟然只有两三户人家，尽管如此，也丝毫不影响"日出而作、日落而息"的山里日子。

这些不起眼儿的小山村，在经历过同样的兴盛衰败与世代兵燹之后，依然倔强地矗立在各自的山头，任风雨侵蚀，任地老天荒。始终如一地与日月为伴、与寂静的大山为伴。在坚守之中，似乎一直渴盼着曾经的喧嚣与繁华。

在这些村落中，最具代表性的尚属葛万掌。在"中原第一堡"——宋寨与明清小山村之间，有一条古道，顺着这条古道盘旋而上，远远地便可依稀望见这个丹河沿岸保存最为完整的古村落。

千年国槐

穿过丹河峡谷影视基地不足二百米的坡处，挺立着一棵三人才能抱合的苍劲古树，这就是闻名遐迩的千年国槐。据专家推测，这棵古槐树至少已经有一千年的树龄了。当地有句老话："千年松，万年柏，不如老槐歇一歇。"这就是说，它的生命周期比松树、柏树长得多，松树生长千年，柏树生长万年，也不如老槐树休息一下也要上千年。乍看之下，老槐树好像是已干枯死了，其实它是在休息呢！看！古树逢春发新枝了！怪不得村里七八十岁的老人讲："这棵古树打俺记事时就是这个

172

样子，现在还是这个样子。"像这样的千年古槐，仅在九渡村就有四棵。

正如一位饱经沧桑、充满智慧的老人，古槐正伸开热情的双臂欢迎游客的到来！不要小看这棵槐树，它曾引发多名影视剧导演的创作灵感。在大型历史剧《大秦帝国》《孔子》中，都可以多次看见它的威武雄姿。站在它的面前，你可以想象：它曾经目睹了这条太行古道、这个古老的小山村所发生的多少故事。

曾经的繁华

令人想不到的是，村庄下的山沟还是当年通往山西的主要通道。两千多年前发生的"长平之战"，赵国四十万将士被杀，血流成河。强大的秦国攻打赵国，正是从这里进入。不难想象，当年那场血战，那种狼烟四起，那种苍凉与悲壮，一定会令这个偏远的小山村震颤、心悸。因为此道系当时进入山西的必经之道，故历史上亦称这里为晋怀（怀庆府即沁阳市一带）商通商要道。据

传，在民国三十二年（公元1942年）之前，这里还是一片繁华景象。在最兴盛时期该村居住着三十多户一百多口人。每年的三月初三，葛万掌的村民都要涂浓妆着彩衣，背着大鼓大锣，高声叫唱着"上党梆子"，锣鼓喧天地到山西的华普寺赶庙会。那是一个多么久远的、令人向往的年代啊。

古朴的村庄

葛万掌是丹河沿岸保存最为完整的古村落之一，村中房屋均用石头砌成，建筑风格非常独特。整个村落虽说布局不是太清晰，但却错落有致，却能紧紧地抱作一团。仿佛在那条深深的石巷里，又回响起母亲呼唤儿子的亲昵之声。村口的千年古槐历尽沧桑，依旧撑起那生机盎然的庞大树冠。石磨、石碾、石臼等原始劳作农具仍保存完好，是体验山村风情、布衣田园生活的绝佳去处。而且，这里的山体岩石层理非常清晰，还是制作砚台的绝佳材料。这么大面积的砚石在山里也是极少见到的。

而今，一些石墙上依然清晰地显示着当年的毛主席语录及"文革"时期留下的标语口号，可见在这个偏远的小山村里，当时的政治触角是多么的敏锐。这个村落是明清时期当地的富商巨贾修的宅院。庭院错落有致，青石甬道，曲径通幽，建筑风格是典型的北方四合院。左边这个保存完好的是一座三进三跨院，右边是古村落的正门。奇特的拱形门很类似古代的城门。透过眼前这些精雕细凿的方形石柱、石座、木质走檐和考究的门楼，就可以依稀看到昔日这个小村落的辉煌与富裕。

步入荒废的民居院内，但见杂草萋萋，几百年历史的古院落无声地诉说着历史的流淌，古朴的建筑、凋零的景象，仿佛都在追忆昔日的辉煌，哀叹今日的凄凉。百年沧桑，风云巨变，曾经的荣耀与富贵早如过眼烟云淡淡而去，空留一座座沉默在风雨中任凭风雨吹刮鞭打依然屹立坚守风骨的古宅。

影视基地

这里还是很好的影视基地和写生基地，站在远处的平台上，回望葛万掌，四面环山，村落构建别致。春日山花烂漫，夏日凉风送爽，秋日硕果累累，冬日白雪皑皑。整个一幅绝美、古朴的山村图画。著名导演黄健中在《我的石寨情缘》一文中对此村给予高度的评价：石磨、石碾、石鼓处处可见，原始而古朴，特别是部分村民迁居山下后，空空的村落颇似杜甫诗中"空村惟见鸟，落日未逢人"的景致。这里是全国最佳的古装片影视基地，上至春秋战国，下至20世纪中叶，纵横两千五百多年的时空，山路村寨如诗如画。截至目前，这个小山村已先后接待了《大风歌》《卧薪尝胆》《大秦帝国》《水浒》《孔子》《三国演义》《春秋祭》等三十余部影视剧的拍摄剧组。眼下，尽管人去村空，但这里俨然已成了名副其实的影视基地。

历史将这里的喧嚣一掠而去，留下的除了沉寂还是沉寂。几年前，当地政府为了解决村民的交通与生活不便问题，将全村村民整体搬迁至城里，也有极少数村民搬迁至九渡村中心地带，建起了家庭宾馆，开始了新的生活。然而，空寂的村庄怎么也不会忘记，那曾在这里发生的一幕幕往事，更不会忘记那曾经的繁华与喧嚣。

（沁阳市九渡村入选《首批河南省传统村落名录》）

豫西山乡古村杜店

刘树生｜文

【作者简介】
刘树生，退休教师，三门峡诗词门槛协会理事，三门峡作协会员。

在豫西卢氏县南部边陲深山区、209国道旁的老鹳河河谷里，有一个闻名遐迩的朱阳关古镇，因其北达卢氏县城，西通陕南，南及湖北的襄樊，地处鄂豫陕三省交通的咽喉要道处，是卢氏县的南大门，自古为兵家必争之地，故赐名为"关"。

朱阳关的出名还源于它曾经是河南省政府的"行宫"，在那艰苦卓绝的抗日战争岁月里，由于日寇侵吞了中原，当时的河南省政府和省直机关被迫从省城开封溃退至有"河南小西藏"之称的卢氏县，偏安于这深山南隅的沟谷小镇。也就在那时，这古老闭塞的街镇才有了第一条与卢氏县城相通的山区公路。现朱阳关老街东头的翟家大院里仍保留有"国民政府报社"的旧址。

而使朱阳关更加出彩的是镇西五华里的杜店村，杜店村以其著名的古老文明传承被河南省列入《首批河南省传统村落名录》，并成为豫西南伏牛山旅游链条中朱阳关景区的特色亮点。

我与杜店村结缘要追溯到本世纪初的2000年。那一年，我作为河南省三个代表工作队的首批成员，奉命进驻朱阳关乡（当时为乡建制，尚未改镇）。该乡领导在向我们介绍乡情时特别说到了引以为豪的杜店村，他说，据考证，朱阳关一带早在四五千年以前就有人类活动的痕迹，此处村落最早出现在杜店村。早年间，杜店曾是三省间交通的重要驿站和繁华的古镇，也因街市上店铺林立而得名"杜店"。之后，随着时间的推移，村镇逐渐向东发展，朱阳关街才得以出现，古镇杜店的地位才被之后出现的朱阳关街所替代，"先有店，后有关"，反映了朱阳关一带村镇的渐进发展过程。杜店村现存明清建筑九处，民国建筑七处，新中国成立后建筑五十余处，院落古朴，胡同幽深，嵌字雕图的各式住宅和石碑石匾石具等，琳琅满目，各具特色，打下不同时代的实物印记是那古老村镇的有力佐证。民间流传的另一种说法是杜店原名"垛店"，由社戏抬垛演变而来。但不管哪种说法都足以证明杜店早年就是当地的经济文化中心，是朱阳关民间文化的福祉。

乡领导介绍杜店村的话语深深地吸引了我，我素有猎奇探险之习惯，于是，我选择了一个阳光明媚的上午，在村干部的带领下，慕名前往古村杜店考察。果然名不虚传，走进该村，几处古色古香、风格奇特的房屋古建筑顿现眼前，特别是位于村北口的那座红砖木顶，门楣牌匾上嵌镶着已锈迹斑斑的"观音阁"三个大字的过街楼，更吸引了我的眼球。过街楼分上下两层，一层是过街的门洞，顶呈圆拱型，高盈丈，宽约丈余，门洞是仅容一人蜷缩着身子骑马方能进出的过街甬道，这里曾经是在那兵荒马乱的年代里当局为方便勘验路条，严查过往路人身份而设的关卡。我望着这小巧狭窄的门洞，顿生"一夫当关，万夫莫开"之感慨。门洞的上方矗立着一方形楼阁，灰瓦翘脊，飞檐斗拱，煞是壮观。阁楼其实是一个无名神庙，听村人说虽然其年代久远，但庙神仍非常灵验，平日里还常有人上香祈祷保佑平安。在门楼的一侧嵌着乾隆五十八年（公元1793年）七月十五日《重修过街楼》的碑匾。上边的繁体字迹依然清晰可辨。据说，在战乱频仍的年代里，这兵家必争的重要关卡曾几遭涂炭，几度修复。但在和平年代里，这里又人气聚集，逐渐形成集市，南来北往

的商贾也纷纷云集这里，村落的集市经济逐渐繁华，在碑刻里，就生动记载着这里曾经的繁荣与昌盛。穿过过街楼，在用青石铺就的巷道旁的一处民房的山墙边，我发现了一口上面刻着"乾隆三十九年"字迹的长条石槽。村干部说那是过去东南西北的商人，进入该店住宿时，供随身骡马喂养粮草而用的料槽。在小巷的右侧，竖立着一所灰砖墙夹嵌木门框结构的大门楼，门楣上的木质牌匾镶嵌着"如见大宾"四个繁体大字，所用木料细致缜密，名贵稀有，门下那规正的方形石雕门墩再现了当年屋主人的高贵与荣耀。这古朴厚重的门楼诉说了杜店街市曾经的繁荣与沧桑。

杜店村的另一大特色是这里还是一个石筑的王国，因村子濒临著名的卢氏县境内的第二大河老鹳河，旧时洪水频生，石源极其丰富。村民在长期的生产劳动中积累了丰富的石砌经验，村里的所有街道均是青石铺

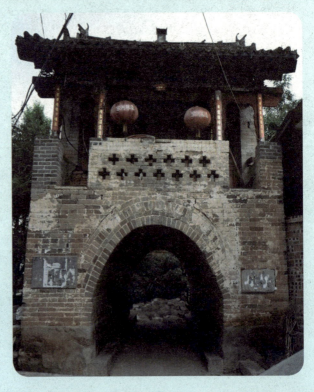

路，所有房屋都是石筑墙壁，但所用石头也并不大，石头缝隙间也并无任何填充物黏合，但数丈长、丈余高齐齐整整的墙壁，虽经百年风雨却没有一点歪倾，实在是令人惊叹。因此，村里古有"无石不筑墙，有石才盖房"的俗谚。

在村中间的一处四合院式的建筑里还藏着一个鲜为人知的故事，那是我国著名文学家、翻译家曹靖华父亲曹植甫老人的故居。曹靖华曾经的那位三十多岁的童养媳妇，就是这座四合院里的第三代主人。现在整个大院上下房屋保存完好，大院中间有一口辘轳古井，亦是当初的模样。据说，曹靖华的父亲曹植甫曾在这里教过学，曹靖华也在这儿受过启蒙教育。早年间，曹靖华父母遵媒妁之言，强行要乡邻的一刘姓宝慧姑娘与儿子成亲，那姑娘虽然落落大方，聪灵贤惠，勤劳朴实，但刚刚县立高小毕业年气方刚的曹靖华，鸿鹄之志在胸，岂肯蜷缩于茅屋之下，新婚之夜他就告知宝慧他要外出求学的决心，求她不要再等了。然后他趁人不备逃出洞房，并于1917年腊月考入开封省立第二中学。然而，24岁芳龄、痴情的宝慧却并未就此离去，而是一直孤守空房，把青春交付于孤寂的磨道和纺棉花车旁，这成了曹植甫老先生的一桩心事。数年后，曹父收到儿子说他在外已有了意中人的来信，曹老十分懊悔当初的举动。他见宝慧这十多年在家里吃尽了孤寡的苦头，心里很是过意不去，但是如果不把实情告诉宝慧，那就更对不住她了。于是就把她认作义女，动情地对宝慧说："我虽有几个女儿，但你也是我最亲的女儿，你如今已三十多岁了，给你寻个好家，我就是死了也要对得起我的亲家，也能瞑目了。"宝慧听后先是痛哭流涕，而后低头不语，后又经多次劝说，她终于想通了。于是，曹父就把宝慧嫁给了本村一个姓邹的大户人家。

结婚那天，曹植甫像对待自己亲闺女一样，除了她娘家原来陪送的嫁妆外，又添置了当时全套乡间时兴的嫁妆，并穿戴整齐，亲自把儿媳当作闺女送给了邹家。宝慧到邹家后生儿育女，幸福安康，把在曹家学会的治疗眼疾和小儿科的医术用来为乡邻治病，声誉颇好。从此，曹邹两家成了亲戚，经常走动，关系十分密切。

岁月悠悠，曹靖华当年从洞房出逃后到省城读书，积极投身于学生运动，而后两度赴苏联留学并任教，与鲁迅和瞿秋白建立了深厚的友谊，鲁迅先生还为曹父撰写了教泽碑文。家乡人为纪念曹植甫的教书育人功绩，于1985年的第一个教师节期间，在其故园建立了"尊师亭"和"教泽碑"，曹靖华为此专程回归故里参加了揭牌仪式，并特地回了杜店故居，他深情地抚摸着观音阁那既熟悉又陌生的墙壁，激动地流下了眼泪。他在对家乡人的讲话中，诚挚地感谢家乡父老的深情厚爱和对古文物的保护，他说，古文物是人类的宝贵财富，不但要保护好还要推广开来，把它介绍给世人，让它产生巨大的社会效益。

后来，我又曾多次到杜店村参观访问，而每次去，杜店那巍然屹立的古老楼阁、幽深古朴的巷径院落、规整的石墙石屋和那深藏在人们心里的纯洁动人故事，都会给我的心灵以强烈震撼。古老的杜店仿佛又重现了曾经的繁华，绽放出嫩绿的新芽。然而如今的杜店村再也不是过去那偏僻闭塞的山村，而成了山淅高速公路上的一颗璀彩的明珠，成为汇集八方游客的游览胜地，重现生机的杜店迎来了一个发展的新机遇，杜店的将来一定会越来越好！

（卢氏县杜店村入选《首批河南省传统村落名录》）

"太行之魂" 郭亮行

王夫敏｜文

　　郭亮，是太行山上一个非常闭塞、落后的小村庄，它是太行山区千百个村落的一个缩影。但是，郭亮之所以能走进我的记忆，还是因为几个驴友对它的描述；而大致了解它，又是因为一部名为《举起手来》的电影。这是一个具有传奇色彩的村落，一个像谜一样缠绕我心头的疑惑，一个悬崖上的小村落，一群近似原生态部落的村民，数百年的生活奋斗史，在时时刻刻敲打我的心扉。一直以来，我都希望能够有机会走近它，去探寻太行山脉灵魂深处的山魂。

　　晚秋的阳光暖暖的，天气晴好，美美的一觉醒来，我开始了郭亮之行。其实，去郭亮是无须那么着急的，只要你有时间，你可以让心、让灵魂睡在太行山的深处，留在农家那院落枝头。郭亮是万仙山景区的一个景点，辉县开往南坪的中巴车很多，大约一个多小时就到了。河南是中原大地，山脉不多，高山沟壑更是难以觅见，而我，虽说去过不少的名山大川，但是，走在前人铺好的路上，随着熙熙攘攘的人群，看着同样的风景，听着同样的故事，不管是登峨眉，还是爬泰山，心中都静如水，平静的生活少了些许的激情和冲动，我想，大多数的人还是和我一样的心境。

　　车辆一进入万仙山景区，远处的青山和峭壁林立的山峰就映入我的眼帘，远山近山交相叠加，远的朦胧，近的巍峨。随着向太行山脉深处的行进，两边的悬崖峭壁便只能仰望，我有点胆战，"高山仰止"，这样的百丈悬崖上面会有人家？这样的疑问，也更加坚定了我走近郭亮的决心。

　　人生的路其实没法用简单的对与错来解说，正如说比尔·盖茨不上

【作者简介】
　　王夫敏，山东人，中国摄影家协会会员，山东省枣庄市作协会员。现供职于山东省枣庄市宇诺食品有限公司。

大学，却成为世界首富，你不能因此而下结论"不上大学才能成功"一样。有时，看似错误的决定，往往会产生意想不到的结果。去郭亮的路有三条，其中两条都是可以坐车上去的，而另一条，则是天梯了。坐车跑到太行山上，我觉得那是对大山的藐视，所以我选择了走天梯，我得登到这数百米高的悬崖之上，据说悬崖上有条路直通郭亮。

太行山撼人心魄的地方就在于，它有的地方，沟壑纵横，旁边是万丈深渊；有的地方，青山苍翠，点映红叶一片，未在秋风中凋落的黄黄的杨树叶子，在红的枫叶、绿的植被、蓝天、白云与褐色的崖石的衬托下，俨然是一幅绝妙的图画。蜿蜒的山路上，只我一人，第一次一人独揽这太行美景，总有点心旷神怡的感觉，坐车又岂能感受到大自然的如此恩赐？虽说，此路去郭亮路途遥远，但是，这美丽的错误却让我欣赏到了别人欣赏不到的美景，在这寂静的大山深处，

仿佛也只有此刻，我才算真正地走进了太行人家。

只要心中有目标，人在旅途就有了力量，有了追求。我心中想着郭亮的绝壁长廊，想着探寻崖上人家的神秘与传奇，徒步上悬崖，居然也没感到累。当我下山时坐车从崖下经过，仰望自己曾经攀登过的这座太行山时，自己都有些后怕，如果当初我知道这条路最难、最远，我肯定会选择另外一条便捷的路线上山，或者坐车上去，那样的话，这次郭亮之旅，岂不抱憾？

走近郭亮村落时，会见到一个悬崖上的观景台；站在观景台上四望，就可以看到对面的悬崖中间，那条举世闻名的、被日本人称为"世界第九大奇迹"的绝壁长廊。那条绝壁长廊，一会儿钻进悬崖，一会儿沿悬崖蜿蜒攀行，整条路就像系在悬崖腰间的腰带。站在观景台上远远看过去，如果不是偶尔穿行其间的汽车，你不会相信，在那样的

绝壁悬崖间，竟会有一条人工开掘的隧道。那是一条真正的天路！我的心随着绝壁长廊，向郭亮延伸，走近郭亮，说不清为何，竟有种莫名的兴奋。

前行几十米，就是传说中的崖上人家了，有几处破旧的老房子，看来早已不住

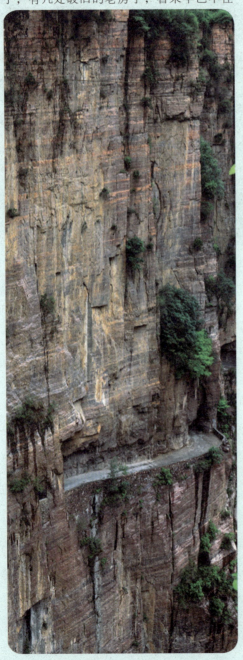

人，旁边已建起了两三层的楼房。想当年，崖上人家，在这太行山脉的万丈悬崖之上，是如何生活，又是如何顽强地繁衍生息的呢？我不敢想象，沿着悬崖上前行，到处可见写生的学生，旁边的牌子告诉我，河南的很多学校都把这里当作写生基地。是呀，面对悬崖上的郭亮人家，面对太行山脉的大自然美景，这里的一草一木、一石一人，都是故事，都是大山深处的传奇。随意找个舒适的位置，也不需要去刻意选择，这里的一切都是最美的画面，秋风吹来，山幽泉鸣，支起画架，拿出画笔，放眼万里河山，勾勾画画，岂不美哉？天下美景无数，且各有千秋，之所以选择这里作为学生写生的地方，我觉得，还是因为这里的山水有着太行之魂魄吧。

顾不上疲劳，顺天池向下，走到了绝壁长廊的最上端，无论如何，我是一定要徒步穿越的，不走完这条天路，这趟郭亮之旅就算白来。

其实，"郭亮"是一个农民领袖的名字，由于反对王莽，起义失败，逃到这悬崖之上，几十户人家下山的唯一出路就一条悬崖上的天梯，七百多级台阶。1975年，郭亮村书记申明信，带领村里的老老少少，组成十三壮士，决心要打通这悬崖峭壁，给子孙后代，开出一条下山的平坦大道。那时，没有设备，全靠锤子、钎子、绳索、炸药，历时五年多，开出这条高四米、宽六米、长一千多米的绝壁长廊。

走在长廊内，从旁边的洞口向外看，下面是悬崖，上面也是。这里现在已是世界级的攀岩基地，可想而知，这里的悬崖之陡、山势之险。十三壮士付出了多少艰辛，经历了多少常人不知的苦难，看这壮观的绝壁长廊，你都难以想象当时的壮观场面。都说听天由命，但是，靠奋斗改变自己的命运，改

变子孙后代的命运，在这里不是神话，郭亮人和这巍巍太行山一样，让人景仰。走在这绝壁长廊里，穿行在这人工隧道间，就像走进了太行山脉的灵魂深处，无数和我一样，来这里探寻的游人，深深地懂得，我们只是匆匆的过客，而生于斯长于斯、长眠于斯的郭亮人，才是这太行山的山魂。

如今的郭亮人，老旧的房子基本不住，家家户户都盖上了新房，开起了家庭旅馆，来自全国各地的游客，都慕名而来，吃住在这太行

人家，基本上家家户户都有车，有的还是几十万的好车，还有的在城里有房，这样富足的生活是我没有想到的。当年的十三壮士，据说如今已没剩下几人，大多积劳成疾而故去。也许，子孙后代能过上这样富足的生活，是他们不敢想象的，但是，前人栽树，后人乘凉，造福子孙后代，在这里成为人生佳话。

人，如果有了郭亮人与天斗、与地斗、与山斗、与大自然抗争的勇气，有了这种太行人家不屈的精神，纵然人生旅途不是一帆风顺，但是，只要我们拼过、争过、斗过，哪怕苦过、痛过、伤过，这样的人生同样荡气回肠、魂魄永存。

夜晚的郭亮在群山环抱中酣睡，月光下的远山似乎变得安静了许多，不知道是被郭亮人驯服后的温顺，还是，大山对这群太行之魂的景仰，看不到悬崖峭壁、沟壑纵横的狰狞，郭亮的夜晚变得恬淡舒适，山风拂面，而我在这宁静中酣然入睡，心里装的是对太行之魂的景仰。

（辉县郭亮村入选《第二批河南省传统村落名录》）

千年古村窦堂

李增强｜文

【作者简介】
　　李增强，河南郏县人。世界汉语文学作协会员，平顶山市文学青年学会郏县分会常务副主席。2000年以来，在《河南日报》《河南日报农村版》《河南青年报》《平顶山日报》《三月》《万花山》等报刊杂志发表作品多篇。多次参加国家、省、市征文比赛，作品多次获奖。作品入选《当代文学作品选粹2015》。

　　幽深的小街、古朴的牌坊、高耸的古楼、残存的寨壕，一砖一瓦皆弥漫着历史的厚重。沿林荫小道，行走于千年古村——窦堂，品不尽的岁月悠长和历史沧桑。

　　窦堂村位于郏县长桥镇镇政府所在地，南临北汝河，洛界公路穿境而过。明代隶属贵梨保，清代属富梨保。据记载，窦堂村原名"窦家堂"，窦氏原为北宋汴京名门望族，在一次宫廷权力之争中，其一支脉迁至紫云山下汝水之滨建村，遂得名窦家堂，后逐渐演变成为窦堂村。古人选址非常讲究，窦家堂村在"汝水秋声"的汝河与"蓝桥春涨"的蓝河交汇处，不仅取水方便，而且水运发达，明清时期是中原一个重要的水运码头，周边州县瓷器、煤、粮食、皮革、水果等都通过窦家堂西长桥货栈码头运往漯河、周口等地。

　　斗转星移，沧海桑田。至清朝中期，后来居上的冯氏一族发展壮大了起来，在窦家堂大兴土木，建设亭台楼阁、花园别墅，有能畅行马车南北通透的豪华住宅多处。村内历史文化遗迹较多，保留了大量的明清建筑，尤以孝子坊最为著名。

　　孝子坊始建于清乾隆十七年（公元1752年）。据清同治三年《郏县志》载："乾隆十三年题准建坊入祠，乾隆十七年建成。"孝子坊为红石结构，正面是两个边长2.5米、高1米的正方形须弥座，上置大石四块，各长2米、宽0.5米、厚0.4米，为基座。竖石柱4根，组成主门及两个侧门。立柱两面高蹲石狮八只，中间高，两侧稍低，上下错列，每面四只，雌雄相对。中间立柱上三条横梁飞跨，下梁额面雕有珍禽异兽。自左向右，麒麟斗凤凰、鲤鱼跳龙门、龙虎相斗、鹤舞鹿驰，坊上透花窗棂，坊下二龙戏珠，中梁刻有民间故事，中门上面刻"皇清钦旌孝子太学生冯赞"，两耳坊上又设透花窗棂。匾额"孝子坊"，下款"乾隆十七年建"。上层横梁圆雕太上老君、上八仙、下八仙及四大天王像。石坊背面雕"二十四孝图"。雕梁上有石匾两块，一刻"圣旨"，一刻"纶音"，字迹清晰，刀法精妙，周围是玲珑别透的滚龙。两旁有石刻斗拱六块，拱眼间距均匀，为回纹透花。两个侧门透花与上梁相齐，各雕装一兽。石雕大多采用镂雕技法，雕刻精细，无论人物造型，飞禽花卉等，都神形兼备，栩栩如生。据说，在镂雕一些重要图案时，工匠所雕出的碎石子换同重银子，可见精雕细琢，非同一般。

孝子坊为清代郏县乡绅太学生冯赞为感恩母亲所建。关于冯赞的发迹在村中流传着这样一个传说：冯赞原籍山西洪洞县，幼年丧父，由母亲抚养成人，冯赞与母亲王氏避难在窦堂村。有一天，冯赞梦到一白胡子老头对他说："三山夹一岭，银子有一井。"冯赞醒后踏遍周边的紫云山、阴山、姬山等地挖宝，最终无功而返。正当他灰心

失望时，发现所住房屋门口附近有一枯井，距离很近。心想：是不是"山"同"衫"，"岭"同"领"，三衫加一领？于是他在屋门口量了三布衫加一领子的长度，恰巧是从门口到枯井的距离。冯赞大喜，偷偷掘开枯井，发现井里金银珠宝无数。据冯氏后人说那是李自成在郏县大战孙传庭后临走时埋下的宝藏。于是冯赞和母亲就在此定居，逐渐取出枯井里的金银，后成为富庶一方的乡绅。

清乾隆十一年（1746年），冯赞为朝廷捐赈灾粮五十余万斤。清乾隆十三年（公元1748年），乾隆召见冯赞并赐以官职，冯赞无意当官，于是对皇上说："我非当官之才，且我母亲年事已高，需要我尽孝道，如果万岁御批，我就在家乡建个家庙，使全国所有的冯氏子孙有个祭先拜祖的地方。"乾隆感其孝道即书六个大字"忠义祠""孝子坊"赐予冯赞。冯赞回家后大兴土木，请华夏第一能工巧匠，历时五年，到乾隆十七年孝子坊竣工。牌坊竣工后，冯赞又用七年的时间修建了冯氏家庙忠义祠。乾隆二十四年（公元1759年）忠义祠竣工之日即农历四月初四，冯氏族人在忠义祠内举行了隆重的拜祖仪式。从此，每年的农历四月初四华夏冯氏子孙都会来郏县长桥镇窦堂村祭先拜祖。因连年祭祖，人员众多，逐渐演变成祭祖和商贸交流的古刹庙会。庙会时有祭祖仪式、古装戏、铜器及龙狮舞等，庙会持续3天，盛况空前，热闹异常。

因历史原因，冯氏子孙在窦堂的拜祖活动曾一度中断。2008年，冯氏后裔才恢复拜祖大典，并决定于农历子鼠年和午马年六年一度举行拜祖大典活动。

（郏县窦堂村入选《首批河南省传统村落名录》）

敬启

　　在本书编辑过程中，我们经多方努力，未能找到一部分作者的联系方式。

　　我们尊重作者的权益，为此预留了稿酬。见书后请即与本丛书编委会联系。

　　联系方式：（QQ）2086670494（大中原文化读本）

　　电子信箱：dzywhdb@qq.com dzywhdb@126.com

　　另：编委会正在筹备"国风读库"系列丛书，欢迎多多赐稿。约稿详情及样文，请关注"文心出版社"微信公众号（wenxinchubanshe），详细了解。

（欢迎扫码关注）
"文心出版社"微信公众号